eye

守望者

——

到灯塔去

棱镜精装人文译丛
主编 张一兵 周宪

〔法〕让·波德里亚 著
刘翔 戴阿宝 译

致命的策略

Les stratégies fatales

Jean Baudrillard

南京大学出版社

Originally published in France as:
LES STRATÉGIES FATALES by Jean Baudrillard
© Editions Grasset & Fasquelle, 1983.
Current Chinese translation rights arranged through Divas International, Paris 巴黎迪法国际.

Simplified Chinese Edition Copyright © 2025 by NJUP
All rights reserved.

江苏省版权局著作权合同登记　图字:10-2009-308 号

图书在版编目(CIP)数据

致命的策略/(法)让·波德里亚著;刘翔,戴阿宝译. --2 版. --南京:南京大学出版社,2025.4.
(棱镜精装人文译丛/张一兵,周宪主编). --ISBN 978-7-305-28756-5

Ⅰ. B565.6
中国国家版本馆 CIP 数据核字第 2025QC9465 号

出版发行	南京大学出版社
社　　址	南京市汉口路 22 号　　邮　编 210093
丛 书 名	棱镜精装人文译丛 ZHIMING DE CELUE
书　　名	**致命的策略**
作　　者	(法)让·波德里亚
译　　者	刘　翔　戴阿宝
责任编辑	甘欢欢
照　　排	南京紫藤制版印务中心
印　　刷	南京爱德印刷有限公司
开　　本	787 mm×1092 mm　1/32　印张 9.375　字数 145 千
版　　次	2025 年 4 月第 2 版　2025 年 4 月第 1 次印刷
ISBN	978-7-305-28756-5
定　　价	68.00 元

网　　址	http://www.njupco.com
官方微博	http://weibo.com/njupco
官方微信	njupress
销售咨询	(025)83594756

* 版权所有,侵权必究
* 凡购买南大版图书,如有印装质量问题,请与所购图书销售部门联系调换

译者导读

让·波德里亚(1929—2007)是一位危险而引人入胜的思想冒险家,更是一位出奇制胜、剑走偏锋的理论刺客。他的学术足迹遍布马克思主义、精神分析学、哲学、符号学、人类学和社会学,写作对象涉及消费社会、海湾战争、"9·11"事件、赛博朋克、美国、迪士尼乐园、超市、色情、艺术、媒介和原始部落,可谓无远弗届、行止莫测。

早期波德里亚受西方马克思主义批判理论、列斐伏尔日常生活批判哲学、德波景观社会理论和巴特结构主义方法的多重影响,尝试以符号学对日常生活进行分析,解读消费社会及当代媒介对客体的编码过程,从而奠定了其整个学术生涯的基调。自《象征交换与死亡》起,波德里亚进入其学术生涯的中期。在这一时期,他自创概念如"拟真""拟像"

"超真实""致命的策略""诱惑"等,形成了一套独立于马克思主义的批判话语,借以指出世界已完全落入编码的掌控,宣告二分法和总体性的失效,尝试描绘并剖析最为炫目的后现代场景。晚期波德里亚致力于提供一种以客体为出发点的立场和视野,由此进入了他思想上最具形而上色彩的时期,同时,这也是他最为晦涩、荒诞、魔幻和寓言化的时期。

《致命的策略》成书于 1983 年,恰是晚期波德里亚的核心著作,也是该时期他唯一一次理论化的尝试。此书之后,波德里亚采取了更为丰富多样的文体:旅行见闻录《美国》、格言体日志《冷记忆》系列、报纸文章《海湾战争不曾发生》,以及承继自尼采的片语式写作《完美的罪行》《恶的透明度》等作品。然而,如《致命的策略》般系统化、逻辑化地阐发其思想的野心已然踪迹难觅。

1. 水晶复仇:所有的客体都向我涌来

事实上,《致命的策略》法文版还有一个副标题:水晶复仇(Le crystal se Venge)。从某种意义上讲,波德里亚是将水晶复仇作为"致命的策略"的具象

化和实际操作来加以诠释的。水晶即镜子,这是波德里亚用以论说主客体微妙关系时最常使用的喻体:

> 正是镜子令主体回归其致命的透明。如果说镜子引诱或迷惑了主体,那是因为镜子自身不具备本质或意义。只有纯粹的客体才是最高统治者,因为它破除了他者的统治并将他者困囿于其自身的陷阱当中。水晶复仇开始了。

在书中,波德里亚不止一次地提到巴拉格尼亚公爵的镜子。公爵是一位相貌怪异的西班牙贵族,他的妻子则是西西里最美的女人。于是公爵建起一座以其怪异形象为范本的别墅。别墅中遍布凸面镜,令公爵夫人以为自己丑陋不堪,因此她无怨无悔地爱着与她一样丑怪的公爵。变形的镜子提供了扭曲的表象,并使得主体认同该表象,进而与该表象合一,最终令美从其完美性中获得解放,亦使主体从其主体性中获得解放。

镜子以其透明和无意义令主体彻底沦陷。而对于当代人而言,手机屏幕正是这样一面诱惑无穷的镜子。手机令人们只能看到自己——自己的面孔、需求、欲望、匮乏和幻想。手机中的镜像异乎寻常地光滑、欣快而缺乏深度。大数据不断完善着对个体的样本采集,并以此为基础向人们推送一个个量身打造的世界。因此,在以手机为代表的屏幕疆界之内,人们普遍容易产生一种无上真实的幻觉,即,一切都是可控的:所有镜像都迎合我,所有他者都认可我,所有事物都可供消费,"世界以我为尺度而建立起来"。也正是在这个意义上,智能手机看似通往无限,却终究使得人们退回了"自恋的场域"。

以这种方式对人类主体性进行终极消解,正是波德里亚所谓的"致命的策略",就是说,追逐某一行动发展的轨迹直至其极限,从而导致客体的极速增加、无限扩散,并进一步产生某种超越,从而令事态发展至无法估量、不可控制的程度。

一个触手可及的例子,是信息社会中的数据爆炸奇观:人类从直立行走到2003年间所创造的知识量,总计5艾字节(1艾字节=10亿GB);而在2023年,全球网络数据流量仅一年就达到了1284艾字节;根据估算,该数据在2028年将达到3350艾字节。以如此海量的数据为基底,近年来方兴未艾的AI研发、ChatGDP不仅成为可能,更成为一种必需;大数据不仅指称一种数据集合,更进而显明为一种时代特征;尤为重要的是,它们不仅改变了人类处理信息的方式,更进一步改变了人类的思维方式、生活方式和社会结构。人们沉沦于信息的海洋,在数据中消磨了生而为人的自由意志。信息、癌细胞和病态的肥胖,在本质上是同一种事物,它们都在无尽的增殖中将自己生成为一种不可抗拒的冗余。同时,为了维持这种冗余的状态,它们不断分裂,尽可能多地占据生存空间,垄断所有养分,用于自我供给。在信息社会,大数据推送给我们的短视频显然符合上述特征,而其生存空间就是人们的头脑,其供给养分就是人们的时间和视线。

一言以蔽之,人正被信息驱使。"信息将是终结宇宙的唯一通道,世界永远不会自行消亡。"这恰是波德里亚"水晶复仇"的生动实现,在他做出该预言的四十年之后。

2. 诱惑:对辩证法的超越

黑格尔的辩证法在 20 世纪上半叶的法国曾大行其道。以"正-反-合"为基本形式的辩证法被认为可以涵纳世间的一切,可以阐释并解决所有问题。更重要的是,辩证法永无止境,它永远可以从头开始,吸收并吞噬新的事物。但波德里亚却始终对这样一种整体化的哲学思想体系心存疑虑,相比于辩证法的有效性,他更关心的是人们应当如何在辩证法之外思考。波德里亚相信,世界上存在着不能被归入辩证法体系的经验,而这种经验,不论它多么微小、多么潜在,都将击溃辩证法,就好像令千里之堤崩塌的蚁穴。

这种对于辩证法的反叛和超越,在波德里亚的诱惑概念中得以体现。诱惑不同于爱,它不与情感挂钩,并且是非道德的,它遵循邪恶的原则,坦白地说,"它是一种堕落"。爱需要对象,而诱惑则需要一个游戏的场域。诱惑是双向的,在其中没有主体与客体的二分法,也不存在责任或道德原则,与爱相比,诱惑属于异教。诱惑的双向性表现在"如果我已经不被诱惑,我无法去诱惑;如果他已经不被诱惑,没有人能够诱惑我"。

《致命的策略》中有这样一个故事——男人给自己的意中人写了一封热烈的情书,女郎反问:"我的哪一个部分最令你着迷?"男人回答:"你的眼睛。"不久,男人收到了女郎寄来的包裹,里面是那只令他着迷的眼睛。这是诱惑对爱的当头棒喝。女郎以一种暴烈残酷的方式终止了爱的隐喻。她将喻体与实体混为一谈,并就此打破了那位追求者所一向秉持的辩证法。没有以表象和实质的二元结构为前提的辩证法了,对客体(即那位被追求的女郎)而言,只有字面意思,只有表面,只有无深度、无本质的一切。女郎就此成为"致命的客体",将主体(即那位追求者)拽入了万劫不复的深渊——至少,我们可以肯定,他再也不敢追求她了。致命的客体成功地摆脱了那个死缠烂打的主体,代价是一只眼睛。

循着同样的逻辑,当波德里亚探讨当时社会中著名的绑架和恐怖袭击时,曾得出这样一个看似匪夷所思的结论——"我们全部都是人质,我们全部都是恐怖分子"。而这个结论之所以成立,恰恰是因为当下社会有其不可避免的脆弱性。波德里亚指出,整个人类都生活在随时可能降临的全面死亡之中,而死亡是否最终发生,与个体的行为不存在因果关系,这种状况的象征就是原子弹。原子弹悬置了全世界人的生命,在它面前,因果关系失效了,谈判也失效了。在波德里亚眼中,对辩证法的超越是现时代的必然,因为人早已被超越为大众,性已被超越为色情,政治已被超越为超政治,物也已被超越为商品。

波德里亚对于辩证法的超越,同时也是他对于福柯全景式监视的超越。在全景敞视监狱中,看与被看仍然有着明确的分野,看的一方与被看的一方截然对立、不容混同。但是,在波德里亚的诱惑关系中,这样的分野和对立被抹杀了,任何人都可能是"看"这一行动的发出者,同时也可能是"被看"的对象。仿佛莫比乌斯环,这个可以无限循环的拓扑学结构,只有一个表面,只有一个边界。一切二分法都失效了。

这不由得令我想起韩国电影《小姐》中的主仆关系。狡黠的女仆以为自己正以情欲为饵料引诱小姐,而看似清纯羞怯的小姐虽然以猎物的姿态出现,却在暗地里早已成为一个高明的猎手。主人与奴仆的关系、猎物与猎手的关系,一再地处于反转当中,此二者之间,稳定的立场并不存在,她们始终处于"既是……又是……"当中,而这种不断流动、不断生成的状态,正是诱惑的核心。

3. 仪式:一种救赎的可能

正是出于对上述命定性的重视,波德里亚在书中专门探讨了仪式。在他看来,仪式是一处残酷剧场,是我们得以逃离因果关系的重要途径。如果说因果关系意味着明晰的理性主义,意味着对世间万物的祛魅,那么,仪式则是对共同体的重构和对象征的复兴。

"仪式曾是命运的图像。"正是在仪式中,人和世界的命运被神秘地编织在一起。每一年的清明节,四川都江堰的"放水大典"上都有"打水头"仪式。从杩槎缺口处涌入的第一股岷江之水叫作"水头",当它涌向川西平原的那一瞬间,堤岸上的堰工(通常是德高望重的老人)会以手中竹竿猛击水头,告诉它,此行千里务必驯良,务必听话,不毁桥梁,不毁良田,要为民造福。这流传千年的仪典中保留着人确曾生活在一个未经祛魅的世界中的证据,那时候,人与世界彼此敞开、彼此共在,而在某些神圣的时刻,人可以跟水说话,而水也以它的奔涌给出回答。

仪式是时空重构的契机,也是人回归自然序列的契机。在仪式中,人得以与世界产生强劲的关联,而这种关联超越了因果关系,人可以与动物、与植物、与河流、与亡灵、与鬼神、与天道沟通无碍。正如波德里亚的后辈哲学家韩炳哲所指出的,是仪式"使时间可以居住"。而一个欠缺仪式的社会则

潜伏着时间的持续崩溃,或者,如波德里亚所说:

> 当符号不再表征命运,而是历史,那么,它们就不再是典礼性的了。当其背后藏匿着社会学、符号学、精神分析学,它们就不再是仪式。它们已丧失了仪式行为内在的变形的力量。它们离真理更近,却丧失了幻想的力量。它们离真实更近,离我们的真实场景更近,却丧失了它们的残酷剧场。

仪式的丧失是可怕的,因为那意味着人将生存在一个全然祛魅的世界上,与围绕着我们的一切全然割裂,而这势必造成灵魂的孤独、动荡与干渴,仿佛被大力神托举而离开大地的巨人安泰,终将力竭而亡。

复原仪式的社会功能,这是波德里亚为生存根基日渐干瘪的现代人指出的一条可能的救赎之路。

可以说,"致命的策略"是波德里亚站在客体立场上提出的批判理论,比较费解,曾被学者道格拉斯·凯尔纳指为荒诞玄学。我们有必要结合波德里亚思想的整体语境和学术脉络来加以理解。在主体主义哲学的语境下,主体的意识就是世界的边界,这一认知往往令人类妄自尊大,推崇主体而贬抑客体,从而导致以现代性危机为代表的种种负面效应。为摆脱唯我论的迷思和人类中心主义的困境,笛卡尔以降的哲学家曾采取多种立场进行分析和批判,但波德里亚认为它们都无从根治主体主义的痼疾,同时他也发现,在所有立场当中,唯有客体的立场尚未被采用过。因而,在《致命的策略》中,波德里亚义无反顾地采取了客体的立场,遵循了客体的逻辑。然而,并非所有的客体都堪当此重任,他对于客体有着严格的审查:

> 主体的立场已不再稳固,而唯一可能的立场就是客体的立场。唯一可能的策略是客体的策略。应当注意的是,此处我们所说的"客体",并非在反异化进程中被异化了的客体,也不是那些声称自己与主体一样拥有自主权的被奴役的客体;而是那些挑战主体并将主体推回不可能立场上去的客体。

致命的策略并不仅仅意味着客体对主体长期压迫的反抗,更意味着客体对主体主义逻辑的全然颠覆。

《致命的策略》一书也许可以被视作波德里亚对现代性最为直接而深刻的驳斥,他站在客体的立场上所主张的,是以表象的狂欢取代对本质的追寻,是以物的扩张冲刷主体的地基。如果说现代性是以人对宇宙的统摄来取代神的统摄,其后果是一个全然属人的世界,那么,波德里亚在本书中所揭示的则是客体的统摄终将取代人的统摄,其后果是一个全然属于客体、以客体的意志为出发点的世界,而由于技术的持续介入,这个没有反面的莫比乌斯环式的世界将是难以攻破的。这如果不被简单地视作耸人听闻的话,我们当瞥见其间隐现不已的警世之光。

本书前三章为戴阿宝老师所译,后两章由我操刀。在与戴老师商讨的过程中,我受益良多,也深深感佩于前辈学人治学之谨严。感谢我的朋友林建武先生和陈玮女士对译稿后两章内容的建议与指点,更感谢南京大学出版社所有相关编辑的帮助与付出。因水平所限,译文不妥之处,恳请各位专家、读者不吝指正。

刘　翔

2024 年 6 月 19 日

目 录

迷狂与惰性 ………………………………… 1

超政治的修辞 ……………………………… 29
    肥胖者 ………………………………………… 33
    人质 …………………………………………… 45
    淫秽者 ………………………………………… 69

反讽的策略 ………………………………… 99
    社会的恶灵 …………………………………… 103
    客体的恶灵 …………………………………… 117
    激情的恶灵 …………………………………… 143

客体及其命运 ……………………………… 159
    客体的霸权 …………………………………… 161

纯粹的商品 ················· 168
性对象礼赞 ················· 173
灰暗的紧迫性 ··············· 186
水晶复仇 ··················· 199
致命的,抑或可逆的危机 ····· 210
魔术师与帕拉塞尔苏斯的玫瑰 ··· 238
世间的仪式 ················· 241

出于恶的原则 ················· 261

修订版后记 ················· 279

迷狂与惰性

事物已经找到了一种摆脱让其开始感到厌倦的意义辩证法的方法：无限增殖，深挖潜力，在上升中超越自身的界限，这样一种淫秽，成了事物固有的结局和无谓的缘由。

但是，没有什么能够阻止我们假设，反过来我们也可以获得同样的效果——另一种非理性，也获得了胜利。非理性在任何意义上都是胜利者，这正是恶的原则。

世界不是辩证的——它发誓要走极端，不再寻求平衡；发誓要进行根本性对抗，不再寻求统一或综合。这也是恶的原则。这一原则还表现在客体的"恶灵"、纯客体的迷狂形式和战胜主体的策略中。

我们会发现使秘密性质激进化的微妙形式，我们将用淫秽自身的武器与淫秽作战。我们将用比假更假来反对比真更真。我们不会用美反对丑,而是寻求比丑更丑:怪异。我们不会用可见反对隐蔽,而是寻求比隐蔽更加隐蔽:秘密。

我们不会寻求改变,不会用固定反对移动;我们寻求比移动更具移动性:变形……我们不会区分真与假,而是寻求比假更假:幻觉和表象……

如果上升到极限,我们也许应该从根本上反对淫秽和诱惑,但也许它们的影响是累积性的。

我们要寻求比交流更快的东西:挑战、决斗。沟通太慢了;它是一种缓慢的效果,通过接触和说话起作用。看要快得多;它是媒体化的中介,一种最迅速的中介。一切都必须立即产生影响。我们从不交流。在交流的往复中,看、眼神和诱惑的瞬间性已然丧失。

但是,面对网络和线路的加速,我们也要寻找慢——不是那种怀旧式的心理上的慢,而是那种无法消解的不变性,那种比慢更慢:惰性和沉默,任何努力都无法消解的惰性,任何对话都无法去除的沉默。这里也存在秘密。

就像模式比真更真(作为事物存在的重要特征

之精髓),并因此获得了对真的眩晕感,时尚拥有比美更美的惊艳特质:迷人。它所焕发出的诱惑独立于所有的价值判断。它以无条件变形的迷狂形式超越了审美形式。

审美形式总是暗含美与丑之间的道德区分,而迷狂是一种非道德的形式。如果时尚有秘密的话,那么,除了它自己特有的艺术和趣味的快乐之外,就是这种非道德,这种朝生暮死的模式霸权,这种摒除所有脆弱和饱满的感伤的激情,这种抛弃所有欲望(除非那正是欲望之所欲)的任意变形、显现和调制。

如果那就是欲望,没有什么能阻止我们在社会、政治领域对其加以想象,在服饰之外的所有领域对其加以想象,欲望也更适于转向非道德的形式,同样也会受到这种潜在地否定所有价值判断的等值的影响。欲望更加束缚于迷狂的命运,即把事物从它们的"主观"性中剥离出来,使特性倍增、定义强化成为它们仅有的诱因,从而也使它们远离"客观的"因果性、屈从于释放效果的唯一力量。

达到力量峰值的每一种特性,无不卷入倍增的螺旋——比纯更纯,比美更美,比真更真——肯定会有一种眩晕的效果,独立于它自身的任何内容和性质。这一效果趋向于成为我们今天唯一的激情。凝聚的激情、升华的激情、力量强化的激情、迷狂的激情——这一切的质的激情,假如不再与对立面相关(真与假,美与丑,实与虚),将成为最高级别的、毋庸置疑的顶点,仿佛它已经吸纳了所有对立面的能量。想象一下美的事物,它完全吸纳了所有丑的能量:那就是时尚……想象一下真完全吸纳了所有假的能量:那就是你所拥有的拟真。

诱惑本身是眩晕,因为它的获取不是来自单一的吸引效果,而是来自一种加倍的吸引挑战,或一种本质的致命性。"我不美;我更丑。"玛丽·多瓦尔[①]说。

我们放弃鲜活而进入模式。我们放弃鲜活而进入时尚、拟真。或许,罗杰·凯洛伊斯[②]的说法是恰当的,我们的整个文化正处于从竞争和表达的游

[①] 玛丽·多瓦尔(Marie Dorval,1798—1849),一位具有浪漫主义表演风格的法国女演员。(如无特殊说明,本书脚注均为译者注。)

[②] 罗杰·凯洛伊斯(Roger Caillois,1913—1978),法国哲学家,1958 年出版《游戏与人》(*Les Jeux et Les Hommes*),讨论游戏的本质,强调游戏的趣味性、虚拟性、非生产性和自愿性四大特点。

戏滑向偶然和眩晕的游戏的过程中。这一目标的非确定性把我们完全推向了令人眼花缭乱的形式质的过度增殖,也由此推向了迷狂的形式。迷狂是任何身体特有的性质,它不停地旋转,直到失去所有的感觉,然后以纯粹而空无的形式闪耀。时尚是美丽的迷狂:一种围绕自身旋转的纯粹而空无的审美形式。拟真是真实的迷狂:只要看看电视,真实的事件以一种完美的迷狂的关系相互接续,即以一种眩晕、程式化、非真和反复出现的方式,在无意义和不间断中建立联系。在迷狂中:这是广告的对象,就像它是广告营销中的消费者一样——使用价值和交换价值不停旋转,失效于纯粹而空无的商标品牌的形式。

但我们必须走得更远:反教育——即纯粹而空无——是教育的迷狂的形式。反剧场是剧场的迷狂的形式:不再有舞台和布景,不再有内容,剧场就在街道,无须演员,剧场就是一切,这甚至与我们通常所过的缺乏幻觉的生活混淆在一起。如果剧场乐于撤出我们的日常生活,改变我们的工作场所,那么,哪里还有幻觉的力量呢?

然而,这确实是艺术在今天寻求超越自我、否定自我的方式和路径，它越是探寻以这种方式实现自我，就越发超真实，就越发在超越自我中趋向它的空无的本质。这里也有眩晕，有眩晕，有戏中戏①，有惊愕。与杜尚在艺廊里出人意料地展示瓶架相比，没有什么还能算得上令人惊愕的创造行为，这一行为使其在纯粹而空无的形式里光彩夺目。与此同时，普通物品的迷狂把画家的行为推向迷狂的形式——没有对象，自我旋转，某种意义上业已消失，却极尽可能地给我们留下确信无疑的魅力。今天，艺术不再创造，只剩下这一消失的魔法。

想象一种美妙的光芒万丈的恶的万能之力：这就是上帝，一个堕落的神创造了一个胆大妄为的世界，并呼唤它毁灭自己。

令我们感到好奇的还有，这种对社会的超越，比社会更加社会化的侵入——大众；这是一个吸纳了所有的反社会、惰性、抵制和沉默的逆转能量的

---

①　法国小说家纪德在《伪币制造者》中开创的一种新叙事技法，它是指一个故事里夹套另一个故事，像俄罗斯套娃，一层藏着另一层，这种手法被称为"mise en abyme"，意思是"套层结构"或"叙事内镜"，也就是指故事中的故事分裂衍生，仿佛步入无穷深渊般的反身映射。

社会。在这里,社会逻辑达到了它的临界点——它逆转了自身的结局,达到它的惰性和消失之点,同时,趋向于迷狂。大众是社会的迷狂,是一种社会的迷狂的形式,是社会反映其全部内在性的一面镜子。

真实并非以想象来消解自我;它消解自我借助的是比实更实,即超真实;借助的是比真更真,即拟真。

在场不是在空无面前消解自我,而是借助在场的倍增,清除在场和缺场之间的对立。

空无也不是在充盈面前消解自我,而是借助满溢与饱和——比满更满。这是肥胖中身体的反应、淫秽中性的反应:虚空的消除。

运动并非消失于静止,就像它并非消失于速度和加速度一样——比运动更易动,即把它推到极限而剥夺其意义。

性并未在升华、压抑和道德中衰减,而是更加确定无疑地进入比性更多的性:色情,一种与超真实相呼应的超性。

更为普遍的是,可见之物并未在含混和沉默中终结——相反,它们消失于比可见更加可见:淫秽。

有关事物的这种前中心性、这种堕入臃赘的倾向，一个例子是偶然、不确定和相对性侵入了我们的系统。这种对事物的新状态的反应，已经不再是一种对旧价值的逆来顺受的抛弃，而毋宁是一种疯狂的过度决定，是参照、功能、结局和因果关系的诸价值的恶化。也许，自然确实厌恶真空，为了驱逐虚空，冗余、臃赘、饱和的系统出现在这里——多余之物总是在空空如也之处安顿自身。

决定性并非消失于非决定性偏好，而是消失于超决定性偏好——虚空中决定性的过剩。

结局并非让位于偶然，而是让位于超结局和超功能：比功能更加功能化，比结局更加结局化——过速进化。

通过把偶然引入反常的非确定性，我们已经面临因果关系和结局的毫无节制。过速进化不是若干动物物种的进化事故，而是对某种生长的不确定性结局的挑战。在事物日渐受制于偶然性的系统之内，结局变成了某种谵妄，而那些只知道如何超越自身目的的元素发展起来——直到它们完成对整个系统的侵入。

这适用于癌细胞的活动（单一方向上的超生命力），适用于客体和主体的超专门化，适用于最细枝末节的运作以及最微不足道的符号的超意义：我们日常生活的主旨，这也是所有臃肿和癌症系统的秘密溃疡——交流、信息、生产、毁灭——这一切都已经长久地逾越了其功能的界限，逾越了其使用价值的界限，从而进入结局的幽灵般恶化。

一种与结局相反的歇斯底里，即因果关系的歇斯底里，因应于起源和动机的同时消解：对起源、责任和参照的痴心求索——试图将现象归结于最微不足道的原因。但也正是这种起源和遗传学的复合体，在不同程度上激发了精神分析的轮回（所有心理在幼儿期都获得了具体化，所有迹象都成了症候）、生物遗传学（分子的致命能量使所有可能性达到饱和）、历史研究的膨胀，以及解释一切、寻因一切、注明一切的狂热。所有这些都成为奇妙的累赘——所有的参照彼此依赖，互为代价。异常生长的解释系统与其对象之间无甚关联。这一切都来自轻率的前行，来自客观的因果关系的大出血。

惰性现象的加速，冷冻形式的增殖，还有被凝固在赘物中的生长。这就是过速进化的形式，远超它自身的目的：甲壳类动物远离大海（终结了什么秘密?),并且永无返回之日。复活节岛上,不断生长的雕像的巨人症。

触角、隆起、冗余、过速:这就是饱和的世界里惰性的命运。以超结局否定自身的目的——这不也是癌症的过程吗?生长在冗余中的复仇。速度在惰性中的复仇和控诉。在这一巨大的惯性过程中,累积被加速度一扫而光。累积是这一多余的过程,它把所有增长投向厄运。它是一条被骇人的终局性弄短路的线路。

埃克森石油公司:美国政府要求该跨国公司发布一份有关它在全世界所有活动的报告。结果是每份报告一千页,共十二册,要读完这些报告将以年计,更不用说分析它们了。如此一来,谈何信息?

我们必须让信息节食吗?我们必须为肥胖和肥胖系统减脂,并且创建非信息的专门诊所吗?

战略性武器那令人难以置信的过剩,恰恰与世界上人口的泛滥相一致。尽管看似吊诡,但这二者之间种类相同,并遵从同样的赘生和惰性的逻辑。这是反常的胜利:没有法律准则或尺度能够约束其中的任何一方——它们彼此反射。最糟糕的是,这里不涉及普罗米修斯的挑战,没有过度的激情或自傲。它似乎仅表明物种已经穿过了某种特殊的神秘之点,不可能再后退、减缓或终止。

一种痛苦的思想:超过某一时间点,历史已经不再真实。不知不觉中,整个人类似乎突然把真实抛诸脑后。从此,所发生的一切都将不再真实,但是我们未能意识到这一点。现在我们的任务和职责就是要揭示这一点,而在这样做之前,我们将不得不在当下的困境中坚持下去。

——卡内蒂①

死亡之点:死亡的中心,每一个系统都由此穿过这一可逆、矛盾和怀疑的微妙界限,使生命进入无矛盾,进入自我崇高的沉思,进入迷狂……

这里开启了系统的玄学。这一超常规的逻辑,这一提升不经意间也提供了某种优势,即使它总是假想缓慢运动中的灾变形式,一如毁灭性的战略武

---

① 埃利亚斯·卡内蒂(Elias Canetti,1905—1994),英籍犹太人,作家、评论家、社会学家和剧作家。1981 年,在获得卡夫卡奖的同时,因"作品具有宽广的视野、丰富的思想和艺术力量"而获得诺贝尔文学奖。

器系统。在克服毁灭性力量这一点上,战争的场景已经过时。在潜在的灭绝和它的目标之间,不会再有任何有效的相互关联,因而,使用战争变得毫无意义。这一系统阻止了自身,这是阻止的自相矛盾的有益方面;不再有任何的战争空间。因此,我们应该对核武器的升级和军备竞赛的持续抱有希望,以此作为我们为纯战争付出的代价,即,为战争的纯粹而空无的形式——超真实和永久延宕的形式——付出的代价,在这里,我们第一次可以自我庆祝这一事件的缺场了。战争,就像真实一样,永远不会再发生,当然,除非核武器成功降低功能,并且设法为战争划定新的空间。如果军事力量再次找到上演战争的剧场,找到有限定的空间——总之,一个人类的空间——用于战争,以降低疯狂的程度而毕其功于一役为代价,那么,武器将再次找回它自身的使用价值——以及它的交换价值:它将再次有可能与战争相交换。在既有的轨道和迷狂的形式中,战争已经变得不再可能交换,这一轨道性保护了我们。

卡内蒂想要把握这一盲点,除此之外,"事情已经不再真实",历史已经不再存在,我们并没有意识到——倘若无法实现,我们所能做的就是在当下的困境中坚持下去吗?

甚至,假如我们能够确定这一点,我们意欲何为?历史应借由何种奇迹再次成为真实?我们又应借由何种奇迹及时返回以阻止它的消失呢?由于这一点亦是线性时间的终结之点,如果从现在起时间不再存在,如果我们身后的过去已经悉数消失,那么所有的"时光倒流"的科幻奇迹都将毫无用处。

我们应该采取什么预防措施来避免这一历史的崩溃,这一昏死、这一真实的赋值?我们犯过什么错误吗?人类犯过什么错误、触碰过什么秘密、做出过什么致命的鲁莽行为吗?对这一切充满好奇是毫无用处的,就像你问自己一个女人弃你而去的隐秘原因一样:无论如何,一切都不可能改变。这类事件的可怕之处在于,一旦超出某一点,一切驱除它的努力只会促成它的降临,没有任何有用的先兆;每一个事件都使之前的事件恰逢其时。得为每一个事件寻找原因,正是这幼稚的想法让我们以为,没有任何原因的纯粹事件不可能发生,只能不可避免地呈现出来。此外,它绝不可能再次发生,而因果过程总是可重复的,严格说来,这就是为什么它不再是一个事件。

因而,尽管卡内蒂的假设非常极端,但他的期许无疑是虔诚的。他所谈及的那个点从定义上很难被找到,因为,如果我们能够捕捉到那个点,那么时间就将被归还给我们。我们可能扭转事件和历史消散过程的那个点逃离了我们——这正是我们已经超越它而没有留意到它的原因,当然,根本也没想到去留意它。

更进一步说,或许卡内蒂之点甚至并不存在。只有当你能够证明历史在它之前确实存在时,它才存在——一旦你越过此点,历史将不再可能。在外在于历史的领域里,历史自身不再能够反映或证明自身。这就是为什么我们呼唤每一个史前时期、每一种生活方式、每一种使自身历史化的精神性,利用手边的证据和档案(一切都档案化了)来重述自身,这是因为我们感觉到这一切在我们自身的领域里已经不再可信,这是历史终结的领域。

我们既不能返回也无法接受这一处境。一些人欢呼雀跃于已经消除了这一困境:他们发现了反卡内蒂之点,一个减速之点,它将允许我们回到历史、真实和社会，就像在超空间里丢失的卫星重新进入地球大气层一样。虚假的激进性把我们投入离心的空间；一个至关重要的飞跃将我们带回真实。一旦这一历史的非真实幽灵、这一时间和真实突然坍塌，魔术般地消失，那么一切都将变为真实，并重新获得意义。

也许他们是对的。也许我们本就该阻止这种价值的大出血。受够了这一极端的恐怖主义，受够了拟像——让我们拥有道德、信仰和意义的再生。没落的分析见鬼去吧！

在此点之外，只存有不合逻辑的事件（以及不合逻辑的理论），这恰是因为它们把意义吸纳进入自身。它们不反映任何东西，也不预示任何东西。

在此点之外，只存有灾变。事件或语言的完美性在于，它们假设了自己的消失模式。知道如何登台，如何使表演的能量达到最大化。

灾变是最残酷的事件，比事件的变故更多——但是，事件没有结果，事件使世界处于悬置中。

一旦历史的意义已经过时，一旦这一惰性之点已经被超越，每一个事件就都变成灾变，变成纯粹的缺少结果的事件(但那就是它的影响力之所在)。

没有结果的事件——像穆齐尔①笔下没有个性的人,身体没有器官,时间没有记忆。

当光被它自身的来源所捕捉和吞噬时,时间被野蛮地卷入事件本身。大灾变的本义:转变或曲折把起始和结尾合二而一,使终点回到起点,并消灭起点,使事件变得没有前因和后果——纯事件。

这也是意义的大灾变:没有结果的事件被这一事实所标示,即所有的原因都可能被冷漠地输入其中,使其不再可能从中选择。它的起源不可识别,它的目的无从辨认。你不能违背时间的过程,也不能违背意义的过程。

今天每一个事件实际上都是不合逻辑的,是对所有可能的解释开放的,没有哪一种解释可以确定其意义:所有的原因和结果都是等概率的——归因于多重和偶然。

如果意义的波动,如果记忆和历史时间的波动

---

① 罗伯特·穆齐尔(Robert Musil,1880—1942),奥地利作家。他的未完成的小说《没有个性的人》(*Der Mann ohne Eigenschaften*)常被认为是最重要的现代主义小说之一。

在消退,如果效应周边的因果关系的波动在衰减(并且事件在今天像波浪一样向我们涌来,它不只是在"跨浪"旅行——在语言和意义上,它的波动是难以理解的;在颜色、触觉、氛围上,在感官效应上,它的波动的唯一性和即时性又是可以理解的),这是因为光正在放慢速度,因为某处的万有引力的影响正在迫使来自事件之光负载信息,这种光携带了超出自身的事件的意义,减速趋于停止;对于政治和历史之光来说,同样如此,即由于太过微弱,我们不再察觉。对于出自身体的光,我们所接收到的只是微弱的拟像。

在光的衰减中,我们必须抓住横在面前等待我们的大灾变——光越是变慢,它能从源头处逃逸得就越少。事物和事件有一个倾向,即不再允许它们的意义逃离,减缓它们的发散,捕捉它们先前所折射之物,并把它吸纳进黑体①。

科幻故事总是被超光速的速度所吸引。然而,更为奇特的是,光本身衰减到低于光速时才可能被

---

① 黑体,热力学概念,是一个理想化的物体,它能够吸收外来的全部电磁辐射,并且不会有任何的反射与透射。

记录。

光速保护着事物的真实性,因为它保证我们所拥有的事物的图像是共时性的。一个因果关系的宇宙的全部可信性将随着这一速度的可察觉的变化而丧失殆尽。一切都将受到总体失序的干扰,它是如此真实,以至于这一速度成为我们的参照和我们的上帝,并且作为绝对之象征服务于我们。如果光降低为相对速度,那么就不会再有任何的超验性,不会再有不证自明的上帝,宇宙将坠入非决定性之中。

这就是今天伴随电子媒介所发生的一切,信息开始偏离光速而到处传播。不存在一种衡量其他一切的绝对性。但是,在这一加速度的背后,某物开始绝对地慢下来。我们当下正在绝对地放缓吗?

如果光速变慢,跌落到"人类"的速度,那将会怎样?如果我们沐浴在图像的慢速流变中,直到它慢过我们自身的运动,那又会怎样?

于是,根据光从星星抵达我们的情况,有必要认识到,星星已不复存在——而它们的图像还在穿越光年抵达我们。如果光无限地变慢,许多东西,即使是最接近的东西,也会遭受那些星星的命运:我们会看到它们,它们在这儿,但是它们已经不在那儿了。这怎么会是真实本身的情形：某物的图像还在向我们走来，但是它已不复存在？我们可以用心理对象与心理以太做类比。

或者，假定光变得很慢，物体抵达我们远快于它们的图像——那将会发生什么？在我们看见它们到来之前，它们就会与我们遭遇。我们可以进一步想象，不同于我们的宇宙，所有缓慢移动的物体都大大低于光速，这种以奇特速度移动的物体的宇宙，除了光本身之外，都是非常缓慢的。总体上的混乱，不再受发光的信息即时性的控制。

光像风一样，具有多种速度，甚至死一般的寂静，这里不再有图像能够从受影响的地带抵达我们。

光像香水一样，随身体而不同，很少在直接的环境之外扩散。发光的信息域在它们的移动中衰减，物体的图像几乎不会传播到某一发光的区域之外：超出此界，则不复存在。

或者还有，光随大陆缓动，地层，一层滑落到另一层之下，于是引起震动，它将扭曲我们所有空间的图像和视觉。

你能够想象面部和姿态的缓慢的折射，就像深水中游泳者的运动一样吗？你怎样看着别人的眼睛，如果你不确信他还在那儿，你怎么勾引他？如果电影慢镜头控制了整个宇宙,那将会怎样?幽默会加速提升,借助外爆超越感觉;还有慢镜头的诗意魅力,它借助内爆摧毁了感觉。

悬置和慢镜头是一种流行的悲剧形式,因为加速已经成为我们的平庸条件。在正常的流逝中,时间不再显现,因为它已经膨胀,扩展到真实的浮动维度。它不再被意志照亮。空间也不再被运动照亮。由于它们的目的地已经失去,预言不得不再次介入,给它们带来悲剧性影响。我们可以在悬置和慢镜头中读到这一预言,形式发展得如此悬置,导致意义不再凝聚。或者还有,在意义话语之下,另一种预言缓慢流播,并引发内爆。

光是如此地缓慢,以至可以蜷缩于自身,甚至完全停留在它的过程中,光可能导致宇宙的总体悬置。

这种围绕惰性之点的系统游戏,被拟真时代天生的大灾变形式——地震——所证明:地面不复存在,断层和倾覆,开裂和破碎,巨大的板块,整体地一层滑向另一层之下,产生强烈的地表震颤。不再是天堂的吞噬之火毁灭我们:产生的雷霆也是一种惩罚、一种净化,并使地球变得伤痕累累。它不是洪水滔天,而更是一种母性的灾变,在世界之源头。

这些是萦绕在我们心头的伟大的传奇和神话形式。晚近以来,我们所拥有的外爆,在核灾变的困扰中达到顶点(但相反的是,它满足了创世大爆炸的神话,满足了宇宙起源的大爆炸的神话)。更为流行的是地震形式,如此真实的灾变成为它们的文化形式。城市甚至通过它们所假定的灾变形式来加以区分,这成为它们的实质性魔力的至关重要的部分。纽约是金刚,或大停电,或垂直轰炸:《火烧摩天楼》[①]。洛杉矶是水平断层,处于加利福尼亚的断裂带上,滑入太平洋:《大地震》[②]。这些是今天更为切近的、引发共鸣的形式:一种基于裂变和瞬间的传递、波动、痉挛、残酷代偿的秩序。不再是大祸临头,而是整个土地消失无踪。我们身处一个裂变的世界,充斥着漂流的浮冰和水平的偏移。间歇性崩塌——那是地震的效果(也是心理的效果)在潜伏中迎候我们。最牢固的连接物开裂,颤动之物僵硬

---

① 《火烧摩天楼》(Towering Inferno)是由约翰·古勒米、伊尔温·艾伦执导的灾变片,1974 年 12 月 14 日在美国上映。

② 《大地震》(Earthquake)是由马克·罗布森执导的动作片,1974 年 11 月 15 日在美国上映,并于 1975 年荣获第 47 届奥斯卡金像奖。

地收缩在虚空中。大地的根基（!）不复存在,只剩下破裂的表皮;不会再有任何深度,我们现在知道,一切都处于溶解状态。地震告诉了我们很多;它们是根基的安魂曲。我们不再等待星星和天堂,而是等待地下之神,它们利用坠入虚空来威胁我们。

我们也在梦想获取那种能量,但那真是疯了。我们也还希望获取交通事故的能量,撞翻一只狗的能量,或者能够获取任何事物崩溃的能量。（新的假设:如果事物更具消失和崩溃的趋向,那么,或许未来能量的主要来源将是事故和灾变。）有一件事可以确定:即使我们无法成功地获取地震的能量,地震波的象征性也不会平息——可以说,这类事件所提供的迷人而荒谬的威力,是物质毁灭所无法比拟的。

那种威力,那种象征性断裂的能量,正是他们在那一疯狂的计划中真正想要获得的,或在另一个更为直接的计划中,凭借疏散的脚本来预防地震。有趣的部分是,专家已经计算过由地震预告所提示的紧急状态,它将释放出这样一种痛苦,即它的影响远大于地震本身。在这里,我们陷入彻头彻尾的荒谬当中:缺少真的灾变,它很容易释放出拟真化的地震,像地震一样,甚至可以取而代之。你惊讶于那不会是"专家"的幻想——严格地说,它与原子领域的情况如出一辙:所有预防和阻遏的系统不像灾变的虚拟焦点吗? 以预防为借口,他们在不远的将来会使所有结果具体化。正是这样的真实,使得我们无法依靠偶然引发的灾变:我们必须在预防手段上寻找等值的计划。

于是非常明显的是,有能力预告地震和预防后果的国家或政权,将构建出一种比地震本身严重得多的对于共同体和物种的威胁。意大利南部的地震灾民(terremotati)已经猛烈抨击了意大利国家的疏失(媒体在紧急救灾队伍之前到达,而紧急救灾队伍无疑是当时统治集团的一个具有优先权的明显符号)。他们恰如其分地谴责了政治秩序上的灾变(正如它声称对于族群的普遍关心),但是他们永远不会梦想一个能够防止灾变的秩序:代价就是这样,说到底人们更期待灾变——它的所有苦难,至少满足了对一个惨烈结果的预言需要。它至少回应了对于政治秩序的荒谬性的广泛需要。恐怖主义也是如此:什么样的国家有能力预防或根除所有萌芽状态的恐怖主义(德国)? 它将不得不把自己武装为这样一种恐怖主义,在所有层面上使恐怖主义普遍化。如果这是安全的代价,那么每一个人都会深陷这一梦境吗?

庞贝。这座城市的一切都是形而上学的,包括它那梦幻的几何学,不是空间的几何学,而是心理的几何学,迷宫——在这里,时间似乎比正午的炎热更令人烦恼地凝固着。

对于心灵来说,这些废墟的触觉在场是华丽无比的,与它们的悬置、它们扭曲的影子、它们极端的事境相伴随。一条长廊的平庸与另一时间、另一时刻的内在性相连接,与奇异的灾变相连接。可以确信的是,残忍的但被废止的维苏威火山的在场,给这些死亡的街区带来了幻觉的魔力——此时此地存在的幻觉,处于喷发之前的那一刻,两千年后,先前固有的生活被神奇的怀旧所复原。

很少有地方留给人们这样一种令人不安的可怕的印象(毫不奇怪,詹森和弗洛伊德设置了《格拉迪瓦》[1]中的超自然行为)。在这里,人们感觉到所

---

[1] 《格拉迪瓦》("Gradiva",1903),小说家威廉·詹森(Wilhem Jensen)创作的一篇中篇小说,发表于 1903 年。其中詹森提出的梦与弗洛伊德刚刚出版的《梦的解析》中的梦的形成模式之间有相似之处,这引起了弗洛伊德的兴趣。1910 年,弗洛伊德发表《格拉迪瓦的幻想是爱的必要条件》一文,对此问题进行了讨论。

有死亡的热度,这一切在已经化石化了的逃亡者的日常生活迹象中显得更加生动:石头上的车辙、破旧的栅栏、房门半开的朽坏的木屋、被埋在灰烬下尸体长袍上的褶子。没有历史处于这些事物和我们之间,就像赋予他们声望的纪念碑一样:死亡在热度中捕获他们,使他们为我们瞬间凝固起来。

对于庞贝来说,必要的既不是纪念碑也不是美,而只是事物致命的亲近,只是其瞬时性的魅力及其对我们自身死亡的完美拟像的魅力。

于是,庞贝是透视的或原初的场景:就像消失维度的眩晕,时间的眩晕;就像附加维度的幻觉,最细微之处透明的幻觉,就像你游泳时从它上面经过的被淹没在人工湖底的存活树木那种精确的视觉。

这是灾变的心理影响:在结束前停下,使事物无限期地悬置于幻象中。

庞贝再次毁于地震。何种灾变降临在这些废墟上?何种废墟需要再次被遮蔽和掩埋?灾变的虐待狂式讽刺,秘密迎候着事物,甚至废墟,为了把它们再摧毁一次,重获它们的美和意义。灾变忌恨地摧毁了永恒的幻想,但是也在戏弄它,把事物凝固为第二个永恒。在灾变的瞬间,这种对万千生命存在的有针对性的致命一击,导致庞贝的辉煌。第一次灾变——维苏威火山——是成功的。最近这次地震则是疑云重重。它似乎遵循了复制事件的规则，达到了诙谐的效果。一次伟大的首映式的微不足道的彩排或重复。一次伟大的命运在悲惨的神性助力下的终结。但或许这里还存在另一种意义，它发出警告，我们不再处于一个巨大的崩溃和再生的年代，不再处于一个死亡和永恒游戏的年代，而是处于一个很小的分形事件、平顺的灭绝和逐渐衰落的年代，从现在起没有明天，因为这样的轨迹本身会被这一新的命运所抹擦。这一切把我们引入事件的没有结果的水平年代，这一最后的行动在戏仿的闪耀中受到自然本身的引导。

超政治的修辞

超政治是被解构世界的所有结构的透明和淫秽，是去历史化世界的变化的透明和淫秽，是清除了事件的世界的信息的透明和淫秽，是滥交的网络空间的透明和淫秽，是大众社会的透明和淫秽，是恐怖政治的透明和淫秽，是肥胖和遗传克隆的身体的透明和淫秽……历史场景的终结，政治场景的终结，幻觉场景的终结，身体场景的终结——淫秽侵入。秘密的终结——透明侵入。

超政治是一种彻头彻尾的消失模式（它不再是生产模式，而是令人鼓舞的消失模式）；这一刻意的扭曲终结了意义的地平线，系统饱和使其达到了惰性之点：恐怖和威慑的平衡，流动资本、氢弹、通信卫星的轨道循环——以及作为抽象参照物的理论自身的信息流动的轨道循环。记忆系统的冗余，信息贮存的冗余,迄今为止,它们已经不可救药——冗余,核毁灭系统的饱和,如今已超出了自身的目的,异常生长,过速进化。

超政治还是这样一种情形:从生长到异常生长的过渡,从目的到无目的的过渡,从有机平衡到病灶转移的过渡。这是灾变的场所,不再是危机的场所。事物被技术的节奏所挟持,包括软技术和迷幻技术,我们被技术拖着进一步远离了现实、历史和目的。

但是,如果秘密还在被透明变本加厉地一再骚扰,如果场景(不仅是意义的场景,而且是幻觉权力和表象诱惑的场景)还在被淫秽变本加厉地一再骚扰,我们可以从这一事实中获得慰藉,因为谜团还保持完整——包括超政治之谜。

政治时代是反常之一种:危机、暴力、疯狂和革命。超政治时代是社会异常之一种:无结果的精神错乱,与此相伴的是无结果的事件。

反常是对法律判决的逃避,异常是对秩序规约的逃避。(法律是机制,秩序是把戏;法律是超验,秩序是手段。)异常在偶然的、统计的领域里发挥作用,这是变异和调节的领域,它不再知道法律的界限或违法的特征,因为一切都被简化为统计和操作的等式,这是如此秩序化的领域,以至于非秩序无处藏身,甚至疯狂或颠覆也是如此。然而,异常依然存在。

关于这一点,神秘之处在于,我们并不确切地知道异常到底来自何处。至于反常,我们至少知道它是关于什么的:法律被假定为尽人可知,反常不是精神错乱,而是特殊系统的分裂。异常对它所逃离的法律、所破除的规则存有怀疑。法律不再存在或不为人知。至于违法或更加无常的事物状态,我们不再知道它的因果系统为何。

异常不再拥有非秩序的悲剧的一面,甚至也不再拥有反常的危险和越轨的一面。它在某种程度上是无害的——无害和难以理解。它处于纯粹或单一的特异秩序之上,来自他处的某物上升到我们的系统表面上来。来自另一系统?

异常在系统中不具有批判功能。它的修辞更是变异的修辞。

肥 胖 者

我要谈论一种异常现象——迷人的肥胖者,你在美国随处可见,他与空旷的空间惊人地吻合,而那种过度吻合的畸形，把饱和与空旷立即转化为超社会的维度，在这里，社会场景和身体场景被抛在了一边。

这一奇特的肥胖不是胖的保护层，也不是沮丧的神经质层。它既不是欠发育的补偿性肥胖，也不是过度丰腴的营养性肥胖。很吊诡，它是身体消失的模式。限定身体范围的秘密规则消失了。身体观看自身和其形象的这一镜像的秘密形式遭到摒弃，而任由未受约束的生命有机体膨胀。不再有界限，也不再有超验：似乎身体不再与外在世界对立，而只是在寻求用自我的表象来消化空间。

这些肥胖的人因其对诱惑的全面遗忘而令人着迷。进而，他们不再为此焦虑，他们对自己的生活方式毫无纠结，一切都漫不经心，对他们来说，似乎甚至不存在理想的自我。他们并不荒唐，他们明白这一点。他们宣称这就是真相。事实上，他们在极力地展示这一系统之物，展示这一空洞的夸张之物。他们是其虚无主义的表达，是符号、形态学、营养形式的普遍的语无伦次的表达，是城市的普遍的语无伦次的表达——过度生长的细胞组织，向四面八方扩散。

一种胎儿式的肥胖症，原初的、胎盘性的：好比他们孕育着自己的身体,却无法将其娩出。无法娩出的身体不断生长。不过,还有一种继发性肥胖症,那是存在于在场系统图像中的拟真肥胖,随着它们从未娩出的信息而膨胀,具有现代性运作的肥胖特点,在狂热中贮存和记忆所欲的一切,在全然无用中通达世界和信息清单的限度,在这一过程中建构起无与伦比的潜力,没有任何表征可与之匹配,甚至也不再可能发挥任何作用,在雅里①出现后的一个世纪,在缺少讽刺、缺少怪异的荒诞玄学的冷漠的世界里,自负的过剩引发了佩雷·尤布乐队②的大肚腩。

荒诞玄学或形而上学,这一孕育的歇斯底里是美国文化中最陌生的标记,也是这一幽灵般环境中最陌生的标记,在这里,每一个细胞(每一项功能、每一种结构)都拥有这样的可能性,就像癌症一样,

---

① 阿尔弗雷德·雅里(Alfred Jarry,1873—1907),法国著名小说家、剧作家,欧洲先锋戏剧的先驱。代表作《愚比王》于 1896 年上演,完全颠覆了传统戏剧的结构、观念与模式,对后世的达达主义、荒诞派戏剧、残酷戏剧都产生了深远的影响。

② 佩雷·尤布乐队,成立于 1975 年,地点在美国的俄亥俄州,由几个实验乐队成员组成。他们的音乐融合了新浪潮和艺术摇滚的风格,并加入了不和谐的古怪噪音,因此,人们倾向于将其定义为超现实主义的朋克。

分裂,无限增殖,通过自身的肆无忌惮占据所有的空间,垄断信息于一身(反馈已变成一个臃肿的结构,是所有结构性臃肿的子宫),安顿于心满意足的基因冗余。每一个分子都在自我配方的天堂里快活地生存……

因此,性命攸关的不是若干个体的肥胖,而是整个系统的臃肿、整个文化的淫秽。当身体失去规范乃至舞台或场景时,它达到了肥胖的淫秽形式。当社会肌体失去法律、场景和赌注时,它达到了我们所知的纯粹和淫秽的形式、可见和过于可见的形式,它的炫耀,社会对所有空间的投入和过度投入——整体上幽灵般的和透明的特点保持不变。

这种肥胖也是幽灵化的——没有任何重量,它飘浮在美好的社会良知之上。它化身为无形的形式,化身为当下社会的无定形的形态:一个理想的个体服从方案,这是一个封闭的和自我行为管理的方案。严格地说,这些不再是身体的,而是某种癌症的无机物的标本,眼下它无处不在地等候着我们。

在口舌维度上(尽管对肥胖者没有任何强迫或口舌抑制),你会说社会就像是美式烹饪的味觉。

这是庞大的劝诱机制所制造的食物味道,实际上,它的滋味以模拟的和人造来源的形式被分离、净化和重新合成。这样的味道就像曾经有过的影像诱惑一样:满足于摄影棚气氛和模型魅力而抹去所有的个人特征。同样,对于社会来说,就像味道的功能在调料里是区隔性的,我们选取的治疗手段也被区隔为不同的社会功能。一种联系、操控、说服和劝诱的社会氛围,在大规模的或顺势疗法的剂量下展示抑制("有问题吗?我们来解决它!"):这就是淫秽。所有结构都暴露在光天化日之下,都被展示出来,所有的操作都清晰可见。在美国,从空中混乱的电话线网和电线网(整个系统都露在外表),一直到家庭内部所有身体功能的实际增殖,到最小食品罐头的一长串成分清单,到收入或智商的展示,包括信号的干扰,统统呈现出权力内部构造的困扰,这一切对应于在大脑叶片里安置批判功能的疯狂欲望……

生活的决心在绝望的编程中迷失了,一切都把自身彻底改造为超级决定力,并且寻求它的歇斯底里的本质。同样,曾经作为冲突、阶级和无产者的镜像的社会,在生理缺陷中找到了它的确切的本质。历史的冲突采取心理或身体缺陷的玄学形式。

这一社会转变的歇斯底里有些奇怪——最有可能的诊断是,对于体残者以及智障者或肥胖者来说,社会困扰于它的消失。在失去了可信性和政治游戏规则之后,社会所关注的是自身中生存垃圾如何具有超政治的合法性——危机管控之后,对于缺陷和畸形的公开的自我管理。①

过去通常是"照顾每个人的口味",于是"各取所需";再后来是"各取所欲";今天则是"各取所缺"。

某种意义上,肥胖者通过整个身体的无区分性规避了性欲和性别的差异。他们借助吸纳周围的空间来消解性的空白。象征地说,他们孕育着所有那些他们无法与之分离的对象,或者那些他们尚未找到足够距离去爱的对象。他们难以把身体与非

---

① 但是,正如我们所知道的,"社会"的缺陷管理导致各种各样的僵局。下面就是一则相关的寓言:美国各地已经把人行道改造为可供残障人士使用的机动车道。但是,过去曾被定向引导的盲人现在却常常迷失方向,甚至被撞倒。所以,他们提出为盲人沿街安装扶手的想法。不过,一旦那样做,残障人士的轮椅就会被这些栏杆挡住……——原注

身体分开。他们的身体是凸面或凹面的镜子,他们尚未成功地生产出反观自身的平面镜。

这一突破——镜像阶段,允许孩子通过区分的界限使自身向想象和再现的场景敞开——并未发生在肥胖者身上,由于缺乏通达这一内部分隔的路径,他们陷入了未加区分的无形象身体的增殖中。

不存在肥胖的动物,就像不存在淫秽的动物一样。动物是否无须面对场景,也无须面对自己的形象?动物不必受制于场景,它不可能是淫秽的。而对人来说,这一约束却是绝对的,但是对于肥胖者来说,存在着一种从这一约束、从所有表征的骄傲、从任何诱惑的冲动中的释放——身体外表的缺失。肥胖的病理学不是内分泌性的,而是场景和淫秽性的。

很难说是什么构成了身体的场景。我们至少可以指出一点,身体处于游戏当中,尤其是身体处于自我游戏当中,此时此刻,它躲进形式和运动的省略,躲进规避其惰性的跳跃,躲进为自身解除束缚的体态,躲进使自身成为诱惑和缺场的观看氛围——简言之,它把自己作为诱惑。正是这一切的缺失将肥胖者变成了一个淫秽的群体。

忽然之间,肥胖者在冗赘中使性显现出来,太过多余。它与克隆体具有相同之处——另一个还从未显现过的变异体,但淫秽对它做出了相当出色的预告。为了有朝一日分裂为两个同类,肥胖者难道不珍惜肥大之梦吗?以自己的方式实现超性,他的目标难道不是超越有性生殖,重新回到无性繁殖的单细胞生物吗?身体的增殖并未远离基因的增殖。

确切地说,克隆悖论是一个生产与他们自己的基因父母(非-俄狄浦斯!)相似生物的悖论,因此是性的,即使性本身在这件事上已经变得完全无用。克隆人的性是多余的。这不是乔治·巴塔耶[①]意义上的过度过剩——完全是一种无用的废物,就像某种动物器官或附属肢体一样,我们再也无法想象它的结局,它似乎是反常的和可怕的。性已经成为一种赘生物,成为不再如此地生产意义的古怪的差异(在我们的整个历史和物种史中,这种致命的差异随处可见)。

---

① 乔治·巴塔耶(Georges Bataille, 1897—1962),法国 20 世纪上半叶著名哲学家,后结构主义先驱。其思想涵盖哲学、伦理、社会批判以及性理论等领域。上续尼采的思想倾向,下启 20 世纪后期法国后结构主义思潮,对福柯、德里达、波德里亚等人影响尤深。

也许，在所有的有机统一体中，存在一种通过纯粹的连续性、通过线性的和单细胞的倾向谋求发展的冲动？这正是弗洛伊德所说的死亡冲动，它只是生物的无差异的赘生物。这一过程既没有危机也没有灾变：它超级生长，在这一意义上，除了毫无节制的增加，没有别的目的，也不会顾及任何限制。

在某个特定的时刻，某事的发生会终止这一过程，而肥胖的过程不会停下来。失去独特个性的身体，只会追逐组织的单纯膨胀。甚至既不再是个体的，也不再是性的，充其量只是一种不确定的扩张：转移。

弗朗茨·冯·巴德尔①在《作为转移的迷狂概念》("Uber den Begriff der Ekstasisals Metastasis")一文中，把迷狂比作转移，这是一种对死亡的预期，一种在生命本身的核心处超出自身目的的预期。

---

① 弗朗茨·冯·巴德尔（Franz von Baader, 1765—1841），德国天主教哲学家、神学家、医生和采矿工程师。他抵制当时的经验主义，谴责自笛卡尔以来的大多数西方哲学都趋向于无神论，被认为致力于复兴经院哲学。他是当时最有影响力的神学家之一。

当然，对于肥胖者来说，事情也是如此，我们会认为肥胖者已经吞噬了自己死去的身体，而他还活着——这对身体太有利了，突然间身体似乎成了一切。这是无用器官的暴饮暴食。在某种意义上，他已经吞噬了自身的性。正是这一对性的吞噬，使得肥大的身体变得淫秽。

巴德尔的迷狂或转移的形式、死者的形式，困扰着生者，使生者显得像是无用的化身，这种形式可以被轻而易举地推广到当今的信息系统。在活的意义中预期死的意义，也是一种转移，其间产生了太多的意义，产生了多余的意义，像无用的假体一样。真正的色情同样如此。它的幽灵般的气氛来自生者之性对死去之性的预期，来自所有死去之性的分量（就像人们过去常说的死去的劳动对活着的劳动的分量）。在这样的行为中，色情使性显得多余——这就是淫秽：不是性太多了，而是性根本无用。使肥胖者淫秽的，不是身体分量太重，而是身体太过多余，根本不被需要（de trop）。

这一切的秘密目的是什么（因为其中必有一个目的）？何其下流的恶魔会把这面变形的镜子举到身体之前（因为下流内在其中）？

也许，这是一种反抗，就像癌症那样？反抗曾经是政治性的,存在于欲望、能量、智识被压抑的群体或个体中。今天,这些仍然未被打破。在我们四进制的宇宙中,反抗已是基因性的,就像癌症和转移中的细胞:一种无法控制的活力和无从约束的增殖。这也是反抗,一种非辩证的、下意识的、逃避我们的反抗。但是,谁能知道癌组织的命运呢?或许它们的过速进化与我们社会结构的超真实相适应。似乎身体、细胞都在反抗它们的基因律令,反抗(正如它们恰好被命名的)DNA的指令。身体反抗自己的"客观"定义。这是一种病理行为(如同发生在别处的反身体的反常)吗?在传统的病理学中,肉体或精神的身体对外在的压迫做出反应——生理的、社会的、心理的:针对外界的反应。癌是一种难解的反应:身体反抗自身的内在组织,拆解自身的结构平衡。它似乎是这样的一类,即已经受够了自身的定义,把自身抛入了器官的错乱当中。[1]

---

[1] 我们可以观察到,与隐喻的身体相关的病理学,它的分解和压抑,不再在这一转移阶段发挥作用。身体,肥胖的身体,克隆的身体,是一种假体、一种转移、一种赘生物——它不再是景观,幻觉和压抑不再控制它。在某种意义上,它不再拥有无意识,这是精神分析学的终结。但是,这毫无疑问还是另一

肥胖者也是处于总体的错乱当中。因为他不仅体积大，与正常形态学的尺码相对立：他比大更大。他不是在某种区分的对立中，而是在某种过度、多余、超真实中制造意义。

　　肥胖者超越了自身的病理学。这就是为什么他既逃避营养学又逃避心理疗法，而是回到另一种逻辑，即指数策略，在此，事物被剥夺了目的或参照物，它们在布满镜子的大厅里彼此备份。

　　如此，肥胖将是一个事件转换的上好案例，它在那里等候着我们每一个人。这种事物中爆发的革命，不再处于它们的辩证的超验（扬弃）中，而是处于它们的潜在性（Steigerung）中，处于它们向第二级权力、向第 n 级权力的上升中——上升到与游

种病理学的开始：我们知道，这一有关无限可分的存在的痉挛的（慢性的）忧郁，这一有关单细胞的、无性的原生动物的忧郁，在扩张和驱逐中持续，而不再在冲动和强度中持续。这一持续不依靠生长，而依靠赘生，不依靠诱惑，而依靠转换（那是已经成为网状系统的身体的转换，并且借助网状系统穿插其中）。我们知道，这一生物的忧郁，这一自恋社会的忧郁——个体化的和无限制的自恋——这样的分析不可能再做任何事情。无论如何，这种分析，精神分析，只能在隐喻的领域说什么，那是一种象征秩序的领域。而在另一不同的秩序里，将无话可说——既不在变形的秩序里，也不在另一个极端的转移的秩序里。——原注

戏规则缺失相关联的极致状态。

就好比速度是对移动性的唯一完美的表达一样,因为速度与运动(具有意义或方向)不同——肥胖也不再拥有任何的意义或方向,它哪儿也不去,与任何运动无关:这就是运动的迷狂。于是,关于身体和它的偏离,肥胖可以是完美的肯定和迷狂的真实,因为这里的身体不再被反映,而是在放大镜中捕获自身。"唯有同义反复的句子才是完美的真实。"卡内蒂说。

人　　质

暴力是失控,恐怖是异常。像肥胖一样,恐怖是秩序和政治场景的一个凸而变形的镜像:消失的镜像。它似乎也是来自另一套偶然的、令人眩晕的联系,来自毗邻的恐慌,似乎不再是对单纯的暴力威慑做出的回应。比暴力更暴力——恐怖主义就是如此。在缺少任何游戏规则的情况下,它的超政治螺旋对应于自我的极限提升。

无论死活,人质都被不可预期的结果所悬置。这不是对他自己命运的等待,也不是对他自己死亡的等待,而是一种匿名的运气,对他来说,这一运气似乎只能是某种绝对的任意之物。甚至不再有与他相关的生死游戏的任何规则。这就是为什么人质是超另类的,一个超越另类和交换的术语。人质处于不折不扣的非常状态,处于虚拟毁灭的状态。

人质甚至不再会拿自己的生命冒险:生命从他那里被偷出来用作替身。从某种意义上说,这是最糟糕之处——人质本身不再冒任何风险:他被完全保护起来,脱离了自身的命运。

人质确实不再是受害者,因为他不再是那个死去的人——他只是对另一个人的死亡负责。他的自主权甚至没有被异化,而只是被凝固了。

这就是战争中的情况,根据完全不同于战争的等价法则:每一个被暗杀的军官都抵十名人质。但是,整个民族都可以作为他们领袖的人质:如果希特勒不是胜利者,那么德国人注定为他而死。在核战略中,平民百姓和巨大的城市中心被军方高层用作人质:他们的死亡和毁灭成为阻吓的理由。

我们都是人质。我们现在都充当了阻吓的理由。目标人质:我们共同对某事负责,但是负责什么呢?这是一种无法改变的命运,我们甚至不再能够看见它的操控者。但是我们知道决定我们死亡的尺度不掌握在我们自己的手里,我们现在活在一种永久的悬置和突变的状态中,它的标志就是原子弹。残暴上帝的目标人质,我们甚至不知道是什么事件、什么意外将触发这一最终的操控。

不过,我们也是主体的人质。我们为自身负责;我们充当自身的替身,我们用自己的脑袋承担风险。这是投保社会的法则,所有的冒险都必须上保险。这一状况对应于人质的处境。我们被社会救治,成为社会的人质。既不生也不死:这是一种安全——吊诡的是,人质也处于同样的地位。

这是极端的和漫画化的责任形式:一种匿名的、统计的、合规的和偶然的形式,它采取恐怖行为或绑架人质。但是,如果你想到这一点,那么恐怖主义恰是一个系统的刽子手,这一系统本身既寻求整体的匿名,又矛盾地寻求对我们每个人的完全负责。它可以匿名地宣判任何人死亡,那是针对我们做出的宣判,是匿名系统、匿名权力做出的宣判,一种针对我们现实生活的匿名恐怖。这一摧毁背后的原则不是死亡,而是统计意义上的无差异。

恐怖主义只是一个概念的操控者,它否定自身的实现,否定那种无限制的、非确定的责任的实现(任何人在任何给定的时刻对任何事情承担责任)。

它只会带来极端的后果,即自由主义和基督教人道主义的基本主张:所有人都休戚与共。在这里,你与加尔各答贱民休戚与共,并为他们的贫穷苦命承担责任。当我们追问恐怖主义的可怕之处时,我们也许应该扪心自问:它是否真的来自一种普遍责任的主张,而实质上这个主张本身就是可怕的和恐怖的?

我们身处这样的矛盾处境:因为没有什么东西再有意义了,一切都应该完美地发挥作用。因为不再有负责任的主体,每一个事件,甚至每一个微不足道的事件,都必须拼命地归咎于某人或某物——每一个人都有责任,某种最重大的责任就在那里浮动着,随时等待被投入任何类型的事故中。每一种反常都必须被证明是正当的,每一种越轨都必须找到它的过失部分,找到它的犯法链条。这也是一种恐怖和恐怖主义:这里所寻求的责任,缺少事件的共同衡量标准——这是一种责任的歇斯底里,它本身是一种原因消失的结果,是一种万能权力影响的结果。

正如我们所知道的,安全问题困扰着我们的社会,并且很久以前就取代了自由问题。这与其说是道

德或哲学的改变,不如说是系统的客观状态的演变:

——一种相对宽松的、播散的和包罗万象的系统状态生产自由;

——一种差异的(密度较大的)系统状态生产安全(自我调节、控制、反馈等);

——一种更进一步的系统状态,扩散和饱和,生产痛苦和恐惧。

这里的任何一点都缺少形而上学,都是系统的客观状态。你可以把它恰到好处地应用于交通的循环,或应用于责任的系统循环——它们如出一辙。自由,安全,恐怖:我们在每一个领域都先后经历了这些阶段。首先是个体责任,然后是控制(由客体实体承担责任的假设),然后是恐怖(广义的责任和勒索的责任)。

正是为了达到弥补和制止意外死亡(对于我们的自由、法律和利益的系统来说是不可接受的)的丑闻的目的,伟大的恐怖系统被建立起来了,即,通过系统的和有组织的死亡,建立起了防止意外死亡的程序。这就是我们骇人听闻的合乎逻辑的处境:系统死亡终结了意外死亡。恐怖主义有意试图用选择性逻辑——人质逻辑——替代和瓦解系统死亡(体制化恐怖)的逻辑。

教皇,通过把自我作为摩加迪沙人质的替代性受害者①,寻求以一种选择性死亡、一种类似于基督般的普遍救赎模式的牺牲来取代匿名的恐怖。但是,这一意愿无异于戏仿,因为它提供的解决方案和模式在我们当下的系统里令人难以置信,其职责不是牺牲而是毁灭,不是选择性的牺牲而是引人注目的匿名。甚至恐怖分子的"牺牲",试图通过自己的死亡来解决问题,也没有什么赎罪可言;它只是在一瞬间揭开了匿名恐怖的面纱。

没有什么可以挽回。恐怖分子和人质同样失去了他们的名字:他们统统变得不可名状。

他们也不会再有任何的领地。我们说的是"恐怖主义空间",包括机场、外交使馆、分离地带、非领土区域。外交使馆是一个极小的空间,整个国家都

---

① 1977 年 10 月 13 日,联邦德国汉莎航空公司一架波音 737 客机,连同机上 86 名乘客和 5 名机组人员,在飞经法国南部上空时被 4 名恐怖分子劫持。被劫客机不受欢迎地在各国间流荡,最后降落在索马里首都摩加迪沙机场。此事一出,罗马教皇为机上乘客祈祷,并自告奋勇,提出愿意以自身换回人质。联邦德国政府派出"捷豹"边防军第 9 大队(简称 GSG‑9)展开救援行动,仅用 1 分 46 秒便结束战斗,营救人质大获全胜。

可能在这里被扣为人质。飞机和它的乘客是一小块飞地，是一个在敌人版图上游荡的微粒，因此几乎不再是领土而就是人质，因为把某物绑架为人质就是要把它从它的版图中撕裂出来，使它回到恐怖的平衡。今天，恐怖无处不在，它成为我们正常的、沉默的条件，而它在轨道空间和星际空间里表现得更加明显，这一切使现在的我们必须面对无处不在的威胁。

当下的世界正是被这种荒无人烟的恐怖之地管控的，某种意义上，世界确实在这种领土之外、行星之外的空间被劫持。这就是恐怖平衡的意思：整个世界对那里的统治秩序负有共同的责任——如果有任何东西危险得近乎违反这一秩序，那么世界将不得不被摧毁。从哪里可以比从世界之外的地方，从卫星和洲际导弹的轨道上，更有效地做到这一点呢？所来之地，不再是一块确定的领土，所有的领土都是理想的、中性的，并被绑架为人质。我们都成为卫星的卫星。

比起受控的轨道空间，恐怖主义的空间并无不同。通过卫星和太空飞行，无论是民用还是军用，行星的空间都成为一种戏中戏，成为一种不确定的迫近的悬置，就像在拘押空间里的人质一样：确切地说,"被监禁",之后被毁灭。①

正如有一个恐怖的空间,也有一种人质的交换。每一起绑架人质的事件,每一次恐怖活动,都是对另一次活动的回应,并且在全球层面上,人们会得到这样一种连锁反应的印象,一系列超政治的恐怖活动(而政治场景并没有给人这样一种完全的链式反应的印象),就像一种不受阻挡的循环,也是轨道性的,从地球上的一点到另一点,传递牺牲的信息,有点像整个美拉尼西亚群岛上盛行的库拉②。

没有什么比这一点更让人质陷入循环当中,这种人的可兑换的绝对形式,一种纯粹的和不可能的交换形式,比起欧洲的石油、美元和其他流通货币的形式,解辖域化到如此地步,超出了黄金和国家的通用货币,以至于它们实际上无法再进行交换,

---

① 轨道控制的抽象概念不应该隐藏这一事实,即恐怖的平衡在无限小的和个人的层面出场:我们对这一在我们中间实施统治的秩序负有责任。如果这一秩序将要受到严重的威胁,那么我们会在心理上,程序化地摧毁我们自己……——原注

② 库拉(Kula)是一种土著语的音译,指的是流行在西太平洋上的特罗布里恩群岛的一种涉及财富交换的形式,是当地特有的一种社会经济形式。马林诺夫斯基在《西太平洋上的航海者》一书中首次提及库拉,他这部作品对人类学研究产生了重要影响。

而只是遵循内在于它们的轨道周期,体现为一种超验和控制的抽象谵妄。这也是一种洲际导弹所表达的纯粹和不可能的战争形式。

我们全部都是人质,我们全部都是恐怖分子。这种循环已经取代了另外一种主人和奴隶、控制与反控制、剥夺与反剥夺的循环。奴隶和无产者的星群已经消失:从现在开始,人质和恐怖分子取而代之。异化的星群已经消失;从现在开始,恐怖取而代之。它比它所取代之物更加糟糕,但至少它把我们从自由的怀旧和历史的诡计中解救出来。它开启了超政治时代。

我们已经陷入了勒索的星群,不限于"政治"领域,而是无处不在。疯狂的责任倍增处处发挥着阻吓作用。

甚至包括我们自己的身份,我们成为它的人质:以我们自己的生命(这就是所谓的安全,偶尔是社会的安全)为代价,被召唤去承担它、回应它,被召唤去做我们自己,去交谈,去快乐,认识我们自己——在……的痛苦之下。在什么的痛苦之下?一种挑衅。挑衅——不像诱惑,诱惑允许事物发挥作用,呈现出秘密、双重和含混——并非让你自由自在,而是让你如实展现自身。这永远是在进行身份勒索(因此是象征性谋杀,因为你从来都不是那样,除非你确实被判有罪)。

整个的操控领域具有相同的秩序。操控是一种凭借勒索进行暴力活动的软技术。勒索总是通过绑架人质来进行,使人质成为另一种包袱、一种秘密、一种情感、一种欲望、一种快乐,以及他的痛苦、死亡。这正是我们在操控中玩味的东西(它覆盖整个的心理学领域)。它通过强行征召,成为一种唤起等同于我们自身的需求的手段。

在个体间的需求机制中(爱、激情或诱惑),我们屈从于情感的勒索,我们成为对方的情感人质:"如果你不为我付出情感,你要为我的抑郁负责——如果你不爱我,你要为我的死亡负责。"当然,"如果你不允许自己被爱,你要为你自己的死亡负责"。简言之,一种歇斯底里的纠缠——一种召唤和对回应的恳求。

为了不被绑架,把别人扣为人质。不要犹豫。无论如何,这是通行的规则,也是一般的状况。唯一的超政治的条件是大众。唯一的超政治的行为是恐怖主义,它揭示了我们的超政治的不幸,引发了它自身的极端后果。不幸的是,对于我们的批判精神来说,任何一方都是正确的。在人质绑架上,它没有寓意；它没有意义或政治功效。这是一个没有后果的事件（并且总是通向死胡同）。但是，除了虚假的连续性，政治事件本身究竟还能提供什么？有趣的是它的解决方案。它曾经似乎以革命自居，而今天它将作为特效收场。恐怖主义本身就是一种巨型特效。

然而，这并不是因为没有意图。与普遍的透明性相反，恐怖主义希望以此呼吁事件重新获得它们的意义，但这样做却是加速这种死亡和冷漠的判决。然而，它的影响是一种特殊的类型，足以与作为透明的灾变形式、水晶形式、集约形式等的其他类型相区分和相对立——不同于我们周围的所有的广泛存在形式。它反映了我们不幸被束缚其中的两难——毫无疑问，除了恐怖的明显加剧外，没有任何办法可以解决恐怖的潜在扩散。

今天，事物中唯一的革命不再是它们的辩证的扬弃，而是它们的潜在性，它们向第二级权力、向第n级权力的提升，无论是恐怖主义、反讽，还是拟真。这一过程充斥的不再是辩证法，而是迷狂。

恐怖主义是暴力的迷狂形式，也因此，国家机器是社会的迷狂形式，色情是性的迷狂形式，淫秽是场景的迷狂形式，等等。这些似乎已经丧失了批判和辩证之决定性的事物,唯一能够做的是在它们恶化的和透明的形式中强化自身,正如维利里奥在《纯战争》①一书中所言:非真实战争的迷狂,遍布偶然和在场。同样,空间的探索是这一世界里的戏中戏。潜在性病毒和戏中戏处处旗开得胜,把我们带向迷狂,那还是一种冷漠的迷狂。

恐怖主义——绑架人质——本该是一种政治行为,如果它仅仅是一种被压抑的绝望行为。(也许在某种境况下仍然如此。)但事实上它已经成为一种所有民族和所有人群的正常的、普遍的行为。奥林匹克运动会是美国对抗苏联的人质:"如果你不撤军,就抵制运动会……"石油成为石油生产国反西方的人质。以人权或其他任何事物的名义,谴责这一局面是没有意义的。我们已经远超于此,而绑架人质者只是在公开地改变阻吓系统的真相(我们用道德制度来抵制),除此之外什么也没有做。

更为普遍的是,我们完全处于成为这一社会的人质的途中:"如果你不参与——如果你不管理你的资本、货币、健康、欲望——如果你不属于社会,

---

① 《纯战争》(*Pure War*)是维利里奥和西尔维尔·洛林格(Sylvere Lotringer)的对话录。在这部著作里,维利里奥首次展示了他关于技术对我们文明的影响的全部思考。

你将毁了自己。"这种为了满足自己的要求而把自己扣为人质的巴洛克想法,并不稀奇——这是"疯子"的所作所为,他们隐藏起来,反抗死亡。

勒索比禁令更糟糕。劝阻比制裁更糟糕。劝阻不再是"不许那样做",而是"如果你不做它的话……"它停在那里——这种颇具威胁的不测事件处于悬置中。勒索和操控的整个艺术就在这一悬置中——"悬置"是恐怖所特有的(就像在绑架人质时,人质是被悬置的,而不是被判刑:悬置使他逃离结果)。不必说,我们共同生活在核讹诈之下——不是处于直接的威胁之下,而是处于核讹诈之下,严格地说,它不是一个毁灭系统,而是一个行星操控系统。

比起那种基于禁令的暴力,这构造了一种与权力关系完全不同的形式。后者拥有一个特殊的参照和对象,因此对它的逾越是完全有可能的。然而,勒索是暗指性的,它既不建立在迫切需求之上,也不建立在法律话语之上(我们应该发明一种劝阻模式,建立在非法律的话语和不确定的报复之上),而是利用了恐怖的神秘形式。

恐怖是淫秽,因为它至少是把我们所熟悉的强制和暴力的场景推向终结。

勒索是淫秽,因为它把交换的场景推向终结。

人质本身是淫秽。他淫秽,是因为他不再表征任何事情(这就是淫秽的确切定义)。他处于一种纯粹的和完全的展览状态。一个没有图像的纯物体,在死亡之前就已故去。冻结于死亡状态。以他自己的方式被凝固了。

绑架阿尔多·莫罗[①],这是红色旅[②]的胜利。通过使其失去行动力(与基督教民主党共谋,急于将他除掉),证明他什么也不代表,并且突然之间使他与国家完全分离。于是,权威沦为一具无名的尸体,甚至不再拥有作为一具尸体的重要性,它以一种令所有人感到羞辱的方式在汽车后备厢里收场,因此这也是一种淫秽,因为它甚至不再拥有任何意义。(在传统的政治秩序中,人们本来不可以把王子或国王当作人质——人们可以杀死他,但即使那

---

① 阿尔多·莫罗(Aldo Moro,1916—1978),意大利政治家,天主教民主党主席,1963年至1968年以及1974年至1976年曾两次出任意大利政府总理。1978年3月16日,他被左翼极端恐怖组织红色旅绑架,并于55天后被杀害。

② 红色旅(Brigate Rosse)成立于1970年,主要创建者为特伦托大学社会学学生雷纳托·库乔(Renato Curcio),最初的成员是一些左翼激进的工人和学生。该组织声称它的宗旨是对抗资产阶级,后来逐步发展成极左翼组织"政治-军事共产党",被意大利政府认定为恐怖组织。

样,他的尸体也还是威力无比的。)

人质的淫秽性因其不可摆脱而得到证明(红色旅在莫罗这里也经历过同样的情况)。这正是已死之人的淫秽——这就是为什么他在政治上已毫无用处。由于他的消失,他变得淫秽,变成一面可见的权力淫秽的镜子。(在这里,红色旅获得了完全的成功;此外,他的死更成为一大问题,因为,死本身达不到目的,这是事实——你必须了解怎样消失——杀死是毫无意义的,这也是事实;你必须了解怎样才能使某人消失。)

想一下杜尔索法官[①],他被发现时被捆绑在一辆汽车里,塞住了嘴——他没有死,但头上戴着耳机,刺耳的交响乐从耳机中传出:被晶体管所折磨。红色旅每次都设法把神圣的狗屎丢弃在共产党的脚边。

这种淫秽,这种恐怖主义所展示的立场,与祭祀和仪式中相对立的秘密的立场不同,这解释了它与媒体的亲缘关系,它自身处于信息的淫秽阶段。据说没有媒体,就不会有恐怖主义。恐怖主义本身

---

① 1980年12月,红色旅绑架了那不勒斯市负责监狱事务的杜尔索法官,要求关闭建立在撒丁附近一个岛上的中世纪地牢式的监狱。这一次它达到了目的。

作为原初的政治行为并不存在,这是事实:它是媒体的人质,正如媒体是恐怖主义的人质一样。这一勒索的链条没有完结——每一个人都是对方的人质:这就是我们所谓的"社会"关系的终结。此外,在这一切的背后,还有另一个因素,它类似于这一循环勒索的子宫:大众。倘若没有大众,那就不会有媒体,也不会有恐怖主义。

大众是人质的绝对原型,是被作为人质之物的绝对原型,也就是说,它的自主权被消解,作为主体被废除,成为一种非存在——但值得注意的是——客体是完全不可改变的。至于人质,人们对他束手无策,人们不知道如何抛弃他。这是人质的难以忘记的报复,并且是大众的难以忘记的报复。这是操控的致命性:它从不可能是策略,或从不可能取代策略。

实际上,仅仅通过怀旧,我们甚至就能够区分主动的操控者和被动的被操控者——从而令统治和暴力的旧式关系回荡在这一软技术的全新时代。仅举其中一个操控情形的例子:采访问/答、民意调查和其他形式的定向征集意见。无疑,回答被提问所诱导。但是,提问人并不具有更多的自主权:他只能提出使彼此获得问答机会的问题——他陷入了不折不扣的相同的恶性循环。对他来说,无策略可言;双方都处于受控状态。这一游戏机遇均等,更确切地说,筹码都是零。

莫罗案已经为这一零和策略提供了一个恰当的例证,它的黑箱是媒体,惰性和迷狂的大众扮演扩音器。有四个主角参与了这一巨大的循环,无从找寻的责任播散于此——超政治的旋转舞台。

在莫罗这一半透明人物中,正是虚空的、缺席的国家(权力穿越我们而没有抵达我们,我们穿越权力而没有抵达权力)被恐怖主义绑架为人质,他们自身是秘密的和不可驯服的——双方拼命地仿效权力和反权力。无法谈判——莫罗的死意味着双方的参与者没有为谈判留下空间,他们实际上是互为人质的,就像在任何无限定责任的系统里一样。(传统社会是一个有限责任的社会,正是出于这一原因,它才能够发挥作用。而在一个无限定责任的社会——也就是说,交换一词不再交换任何东西,而只是它们自身之间不停交换——全部都是在围绕交换自身打转,除了眩晕和迷狂的效果,不再生产任何东西。人们必须承认,历史上的意大利已经贡献了绝美的景观——威尼斯、大教堂、透视画和歌剧,今天它又在恐怖主义场景中为我们带来了最丰富、最具巴洛克色彩的一幕,而这一幕得到了整个意大利社会的普遍共谋,即"艺术恐怖主义"。)

在杜尔索法官的绑架案中,事情又有了转机。官方不再强烈敌视自由的和秘密的恐怖分子;被囚禁的恐怖分子从监狱底层被提升到审判者层级(杜尔索法官却被象征性地拘禁),以抵制官方的秘密调查(媒体假装这些调查并不存在)。两极发生转换:某种意义上,恐怖囚犯从秘密中被解放出来,不再与政治阶层谈判,而是与"媒体"阶层谈判。

在现实中,它还表现为:

——没有什么是可以谈判的:红色旅要求散发的文本在政治上是荒谬的,而且是公开的秘密。

——比起红色旅扣押人质,国家并没有更多处置囚犯的想法——监禁比处于地下状态有更多的麻烦。

红色旅谋求创造一种责任的循环,其影响力一直存在。在这里,国家、政治阶层和媒体本身被确认为对杜尔索的可能死亡负有责任,就像恐怖分子一样。无端地使责任循环最大化,等同于引发普遍的不负责任,从而破坏社会契约。政治游戏的规则被禁止,不是通过严格的暴力规训,而是通过行为和意义、效果和原因的疯狂循环,以及通过诸如暴力、责任、正义等国家价值的强制传播。

对于政治场景来说,这种压力是致命的。它伴随着一种隐性的最后通牒,内容大致如下:"你将付出什么代价来摆脱恐怖主义?"应该明白:比起有能力终结它的警察国家,恐怖主义的恶还是要更少一些。我们暗中默许这一荒诞的命题是有可能的。这不需要什么"政治意识";正是这样一种秘密的恐怖平衡使我们猜测到,暴力的痉挛性发作比国家框架内的合理规训更可取,或者比起以总体控制方案为代价的整体性防范更可取。

在任何情况下,最好是有某物能够抵消国家的全能性。如果确保这一相对平衡的斡旋伴随政治游戏的规则消失了,如果社会契约以及我们社会化创新自我的可能性,即,为了集体的幸福自发地牺牲我们的一部分自由的可能性已经失效了,那么原因很简单,一切都被国家真正地处理了(这里也存在一个交换的终结：个体甚至不再能够为他的自由去谈判，缺乏自由，他把自己作为人质、作为一具被保险的僵尸），那么不可避免的是，国家——伴随政治场景的消失——唤起了一种有争议的形式，也是一种激进的和幽灵般的形式：恐怖主义的幽灵玩着同样的游戏，国家与其签下了颠覆性的新型的社会契约。

在任何情况下，这一最后通牒使得国家不再有回应的余地，因为它要求自身比恐怖分子更加恐怖。它把媒体抛入了一个无从解决问题的困境：如果你不想有更多的恐怖主义，那么你必须放弃信息本身。

这一人质问题是极具吸引力的，因为它提出了不可能交换的问题。交换是我们的律令，并且交换有它自己的规则。在我们现在所处的社会里，交换正在变得越来越不可能，越来越少的事情能够真正通过谈判加以解决，因为有关它们的规则已经消失，或者因为交换变得更加普遍化，无法交换的对象最终出现了——并且这些已经变成了真正的筹码。

我们正经历交换的终结。然而，只有交换保护我们远离命运。在交换不再可能之处，我们发现自身陷入一种致命的处境、一种命定的处境。

不再可能交换的是纯粹客体,它的力量既阻止拥有又阻止交换。正因为它是十分珍贵的东西,我们真不知道该如何舍弃。它自焚,不可谈判。它可能被杀,但会复仇。尸体总是扮演这一角色。美是如此,拜物也一样。它没有价值,却是无价之宝。它是无益之物,却又是绝对的唯一,没有等价物,几乎是神圣的。

人质同时具有两种品质:一是作为被摒弃、禁止、匿名的对象,二是作为绝对的不同、例外,以及高强度、危险、极端的对象(像恐怖分子一样危险:问问工作就是解救人质的那些人,是否人质的存在、人质的在场并没有真正激发出像恐怖分子一样的恐怖。更进一步,结束这一局面,消灭人质,客观上等同于消灭恐怖分子;政府会根据情况紧急与否,有时选择一种解决办法,有时选择另一种解决办法)。

出于所有这样的原因,人质问题不再可以秘密地进行谈判,因为其绝对的可兑换性。没有哪种处境能如此体现这种矛盾:挣脱交换的循环,人质完全可以和任何东西进行交换。通过减法,人质变得神圣;通过置身于极端的例外状态,人质变成了其他一切事物的奇妙的等价物。

人质并没有远离拜物或护身符——一个从世界语境中被分离出来的物体,变成单一行动的中心,变成思想全能的中心。游戏,尤其是机遇游戏,不涉他物:货币,脱离流通,注定失去,成为惊人的可兑换的筹码。只有当货币采取了一种纯客体的形式时,才可能通过思想进行精神操控,完全是人为的:一种虚拟,一种恋物癖。

但是,我们知道恋物癖不再能够被重新吸纳进凡俗的世界(它排斥全能思想),游戏币也不可能被放回经济循环当中——这是另一种循环的秘密法则。同样地,最大的困难是把人质转换为财产或政治上的硬通货。那是恐怖分子的幻觉——一般来说,恐怖的幻觉:交换从未发生,也不可能发生。正如在虐待中,被虐待者的痛苦是无法转换计入政治收益的,或甚至是无法转换加入虐待者的愉悦的,恐怖分子不再可能换回人质;某种意义上,他已经极其暴力地把人质从现实中撕裂出来,以至于不再可能使他回到现实。

绑架人质是一种绝望,企图挑战力量的平衡,在极端的意义上重新创造一种交换,通过剥夺和消失(因此通过绝对的匮乏)使物体或个人具有无法估量的价值,与此同时,由于越轨达到了消灭主体的程度,使得交换价值在恐怖分子手中分崩离析,这一企图在两难中走向失败。此外,以这样一种方式创造的处境,系统会很快设法注意到它可以在没有这个人(比如莫罗)的情况下运转良好,在某种意义上,不把他带回来甚至更好,因为一个逃脱的人质比死亡的人质更危险:他已经被污染了,他的唯一的力量就是邪恶的污染。(对红色旅而言,在废除了莫罗的政治家身份之后,把这个没人想要的僵尸扔回去,是一个很好的策略,这是一张会扰乱整个政治游戏的标志性的牌。这一切取决于抛弃他的那些人。)

如果兑换是不可能的,有一点可以证明,归根结底,除了用自己的生命兑换人质的生命,恐怖分子从未交换过任何东西。而这也解释了他们最终联手的诡异共谋。通过把人质从价值的循环中强制抽离出来,恐怖分子也把自身从谈判的循环中抽离出来。例外状态下的共犯,双双脱离循环,在他们之间所建立的,除了不可能的交换,还有一个二元图式、一个还原的图式,或许——唯一的共享死亡的现代图式,还是一个无差异死亡的极端图式——如此地无差异,以至于无法交换。

或者，人们还应该意识到，绑架人质从不以谈判作为目的：它生产不可交换性。"我们怎样摆脱恐怖主义？"这是一个假问题。这一处境是原生的，以至无法摆脱。人们必须把恐怖主义作为一种乌托邦行为，从一开始就宣称它的不可交换性，暴力同样如此，实验性地上演一场不可能之交换，从而在极限处验证一种我们身处其中的庸常处境，即交换场所、交换规则以及社会契约的历史性缺失。对方现今在哪里呢？我们与谁谈判我们的自由和自主还能剩下什么？我们与谁来玩主体性和异化的游戏？我们与谁谈判自己的镜中形象？

已经消失的是，以往良好的他性关系，以往良好的主体在契约和合理交换中的投入，这本是一个既获利又可期待的场所。这一切都让位于一种例外的状态、一种更像是决斗或挑衅的疯狂投机。绑架人质是这一秩序的投机——短暂的、毫无意义的、瞬间的。它本质上不是政治性的，但从一开始坚持认为自身是一个神奇的交易之梦、不可能交换之梦，还认定自身是对这一交换的不可能性的谴责。

淫 秽 者

所有这样的人显现为变本加厉的无差异,空无、肥胖、恐惧的无差异,他们还成为丧失幻觉、游戏和场景之人,因此成为淫秽之人。

对于肥胖者来说,失去的是身体的场景;对于人质来说,失去的是交换的场景;在淫秽者那里,失去的是性的场景;等等。但是,社会、政治和神学的场景也在逐渐消失。秘密、距离也正无处不在地消失,幻觉的控制也是如此。

我们已经完全忘记了自主权的形式,这种形式构造于如此这般的拟像运作。但文化从来不是别的,只是拟像的共同分享而已,这与今天真实和意义的强迫分享完全不同。自主权只在于操控表象,共谋只在于集体分享幻觉和秘密。

忘记这一场景和这一幻觉的操控,转向单纯的假设和真实的操控,这一切都陷入了淫秽。幻觉的幽灵模式成为场景的模式,真实的幽灵模式成为淫秽的模式。

相同持久地产出相同,其中既有恐怖,也有迷恋。严格地说,这种混淆是本性的混淆,是事物本性的混淆,唯有诡计可以使其终止。唯有诡计可以去除这种差异的匮乏、这种相同与相同的耦合。

比真更真,没有什么比这更糟糕的了。以克隆人或魔术师故事里的机器人为例。在后者中,可怕的不是自然消失于人为的完美(魔术师制造的机器人,如此完美地模仿人的每一个动作,以至于魔术师本人都难以识别)。恰恰相反,可怕的是,人为消失于自然的显在。这是令人难以容忍的丑闻。差异的匮乏让我们回到了对自然的恐惧。这就是为什么魔术师会改造真正的机器人,以其略带机械性的僵硬动作来抵消全然相似的恐惧,以便恢复幻觉的游戏和力量。

死亡的不再是幻觉之物,而诱发恐惧的也不再是幻觉之物。这是尸体所做之事,就像克隆体一样,而更为普遍的是,任何事情都可能与自身相混淆,以至于它甚至不再能够扮演自己的表象。这种幻灭的极限就是死亡的极限。

抵制真实的真实,抵制比真更真(转瞬间变成色情),抵制明晰的淫秽,抵制不洁的滥交,我们称之为相似的滥交，我们必须改造幻觉，重新发现幻觉，这种既不道德又有害的力量被称为诱惑，它撕裂相同与相同。诱惑抵制恐惧：这些就是赌注。别无他物。

所有场景的抹擦，所有幻觉力量的抹擦，距离的消失，凭借仪式或游戏规则所维持的空间的消失——这是所有领域里滥交的胜利。色情化和性事化只是这种混杂、这种所有角色混淆的表达。尤其心理学，始终模棱两可和不甚快乐，这与失去独特的场景空间以及所有的游戏规则相关。"另外的场景"，无意识的和幻想的场景，难以弥补更为基础的幻觉场景的缺失。

幻觉并不虚假，因为它不使用虚假的符号；它所使用的是无意义的符号，是无所指的符号。这就是为什么它欺骗我们，使我们对意义的需求产生破灭，但做得非常迷人。

这正是图像通常所要做的事情，比真实更微妙，因为它只有两个维度，总是更具诱惑性（魔鬼与其居于同一世界）。透视画的真实也是如此：把对真实的幻觉赋予绘画，某种程度上，比假更假——第二级拟真。

诱惑也比假更假，因为它所使用的相似符号使它们丧失了意义——它误用符号和主体。从未丧失语意或表情之人无法了解这一丧失意味着什么,那是把自身放逐于符号的总体幻觉,放逐于表象的直接掌控,即超出虚假而堕入诡计的绝对深渊。

虚假只是激发了我们对真实意义的好奇心,比假更假则带我们超出这一点,使我们沉迷于没有诉求的可能。在真实世界里,真和假相互平衡,此消彼长。在诱惑活动(这也适用于艺术品)中,似乎所有真实力量里的虚假都光彩照人,似乎所有真相力量里的幻觉都光彩照人。我们对此能做什么?不再有真实,不再有意义。当一种形式闪耀着相反的能量时,当虚假的能量闪耀着真实的力量时,或者当善闪耀着恶的能量时——当一种奇特的变体引发了不同形式之间的转换,引发了不同能量之间的流动,而不是使它们彼此对立时,人们怎么能够反对这一奇特的运动呢?

在这一上升到极限的过程中,一种反向效应的同时性逻辑发挥作用。或许我们应该从根本上抵制淫秽对诱惑的影响,但是,把它们聚集在一起,在难分难解的变形中把握它们,这难道不是必要的吗?

因此,在金钱的运动中,总体的淫秽和秘密的价值幻觉以惊人的方式结合在一起。

　　游戏是精彩的,因为它既是价值迷狂的场所,又是价值消失的场所,而不是那种夸富宴和耗费的越界——这仍然是巴塔耶的超验的乌托邦,政治经济学的终极梦想。不,在博彩游戏中,既不生产也不毁灭;它作为价值的消失,作为表象的重现,在得失的直接可逆性中回到它的纯粹表象。

　　玩游戏的淫秽是总体性的,因为它对于任何深度或无论什么价值都不再提出要求:在这里,金钱是赤裸的,变成一种纯粹的流通、纯粹的魅力,进入一种形式的激情、透明、冷漠和表面的快感。无实体的意淫,价值形式的迷狂。

　　但是,玩游戏的秘密也是总体性的,那就是金钱不存在。这就像权力的秘密:一无所有。或诱惑的秘密:欲望不存在。货币既不是作为本质存在,也不是作为实体存在,更不是作为价值存在。玩游戏使它回到了非存在的状态。

　　这与政治经济学和交换正好相反。在政治经济学和交换中,货币负担起价值整体的象征性运作。在这里,货币是作为纯粹的拟像被分配的,解除了所有的淫秽,只按照游戏的任意规则来流通。

　　玩游戏的秘密在于金钱没有意义。它只作为

表象存在。价值实体被表象的游戏和游戏的任意性所挥发。

如果金钱能够如此疯狂地自我生成，就像数字能够通过简单的智力操作成倍增加一样，这是可能的，只是因为它并不存在。就像在游戏中，人们要记住尽可能多的单词；当你可以忘记词意时，你会走得更远。

这并不是消费和过度支出的问题；你必须狂热地相信金钱和价值以便消费它们，就像你必须狂热地相信法律以便违反它们一样。如此这般才是真正的激情。在这里，人们干脆什么也不再相信；你必须拥有一个秘密，那就是货币根本不存在，除去它的表象和变形的力量（或者是相同之物，游戏拟真的绝对力量）。这是一种冷静的激情、一种冷酷的迷狂形式。计算是其中的一部分，就像规则以及在表象的野蛮仪式中分享的一切。这里的计算功能戴着面具，有着面具般的强度。它还在表象之外操控着神灵流动的游戏，那些藏匿在表象主体背后的客体。

但是，如果虚假可能使所有真实的力量变得透明——这是幻觉和诱惑的极端形式——那么，真实也一样可能使所有虚假的力量变得透明——这是淫秽的形式。

这是淫秽：比真更真，性的完满、性的迷狂，一种纯粹而空无的形式，一种真正的同义反复的性事的形式（同义反复本身是完美的真实），这是相同与相同的接合。性在自我展示中被获取，在多余的性器官和性高潮中被凝固，就像肥胖的身体或转移癌症的细胞一样。不是卑鄙的、讽刺的和简化的性事形式，而是性功能逻辑的恶化，比性更性，性被提升到第 n 次的性力——淫秽之物不是身体的交配，而是性的心理过剩，真相的升级导向冷酷的色情眩晕。

这正是导向诱惑的迷人的眩晕的同一个过程。唯有空无显现出这一完整性（这种感官愉悦的惊人缺失是色情世界的失败）——这就是淫秽。感觉的迟钝、标志的短命、最极端的快感由此显现——这就是诱惑。但在这两种情况下，我们看见了一种超出它自身的品质，即追求纯粹的形式，追求迷狂的辐射力。

这不仅仅是一种可以进入如此迷狂的品质，品质的缺乏也可以这样做：有一种中性的迷狂的辐射力，中性本身可以被强化。这导致某种可怕的结果,其中很大一部分来自淫秽。确切地说,色情恰恰是一种展示中性的艺术,一种中性的强制性辐射的艺术。

性的淫秽本质上是道貌岸然的和虚伪的,因为它分散了我们对一般形式上的淫秽的理解。这是任何形式都具有的特征,在它的幽灵中凝固下来,失去了缺场的模糊性,在恶化的可见性中耗尽自身。

比可见更可见——这就是淫秽。

比不可见更不可见——这就是秘密。

场景处于可见的秩序当中,但不再有淫秽的场景;除了将所有事物的可见性扩大到迷狂的程度之外,别无他物。淫秽是任何场景的终结。此外,正如它的名字所意指的那样,这是一个不好的先兆。因为这种事物的超可见性也是它们的终结的临近,也是启示的标志。所有的符号都带有它,而不仅仅是性的超感官和无实体的符号。随着秘密的终结,它成为我们的致命条件。如果谜团被彻底揭开,那么星星将无处藏身。如果一切的秘密都回到可见性(并且超出可见性:到达淫秽的显而易见),如果所有的幻觉都回到透明,那么,天堂将变得与地球毫无差异。在我们的文化中,一切事物在消失之前都已经被性事化了。这不再是神圣的卖淫,而是一种光谱的下流,它掌控偶像、标志、机制、话语;暗指,掌控任何话语的淫秽的感染力,成为它们消失的最确凿无疑的标志。

当性处于性中或当社会处于社会中而不在其他地方之时,没有淫秽。但在今天,它到处泛滥,像性事——我们提到的社会"关系"就像性"关系"。这不再是一种神秘的、超验的社会性,而是一种有关和解、接触(如在镜头里)、修复、安慰的可悲的社会性。这是一个哀恸的社会,一个失去确定性后群体的无休止的谵妄的社会。这一群体受困于社会性,就像个体受困于性一样——两者都受困于性事的消失。

今天,我们所有人都是社会工作者。这样一种社会性不就是工作吗?是不是它甚至不再相信自己在事实上或法律上的存在,而只相信在市场架构下的强制再生产,在这里,它认为自己像其他商品一样受制于稀缺、生产和交换的规律?广告也是如此,因为在媒体、意识形态、话语中,社会无处不在地做自己的广告。

一种公共场景的能量，一种作为神话和幻觉的社会的能量（它在乌托邦中获得最大的强度），处于消失的过程中。在这样的世界里，社会变得畸形和臃肿，扩张到犬舍、乳房、细胞和腺体的维度。曾经的英雄般的典范，现在却在治疗性的幼儿机构这样的巨型企业里被列入残疾、缺陷、退化、弱智和反社会的索引中。

社会只能在一定的限度内存在，它被迫成为一个危险之物、一种神话——我几乎可以说，是作为命运、作为挑战，而永远不会是作为现实。在这种情况下，它在供求博弈中被毁灭。身体还在性的取舍博弈中被毁灭，它也失去了使其成为诱惑对象的神秘力量……

至于社会，人们可以说它的淫秽在今天看来已经充分实现了，你不知道该如何摆脱的正是身体的淫秽，或者更确切地说，它进入了被诅咒的衰退阶段。在变干和呈现死亡之美之前，身体经过了一个真正淫秽的阶段，必须不惜一切代价被施以魔法和被驱逐，因为它不再表达任何东西，不再拥有名字，它的难以名状的污染入侵一切。

所有因其客观存在所强加的东西，即，因其被抛弃所强加的东西，所有既不再拥有秘密也不再拥有缺场的轻松的东西，所有被完全交给临床解剖手术的东西，如腐烂的尸体，所有没有任何幻觉可能的被给予专门针对真实操控的东西，所有缺少面具、妆容或脸孔的被给予纯粹的性和死亡的操控的东西——这一切都可以被称为淫秽和色情。

许多事情之所以淫秽，是因为它们拥有太多的意思，因为它们占有太多的空间。因此，它们获得了真相的过度再现，也就是说，获得了拟像的最高点。

当一切变成政治之时，政治作为命运即告终结，这恰是政治作为文化的开启，也意味着这种政治文化的立即贫困化。

当一切变成文化之时，文化作为命运即告终结，这恰是文化作为政治的开启，也就意味着这一文化政治的立即贫困化。

社会、历史、经济和性也是如此。这些范畴的最大的拓展点，一旦明确和具体，就标示了一个平庸的点，标示了一个超政治场域的创立，也是一个它们首先消失的场域。致命的策略的终结——平庸的策略的开始。

当我们肯定身体、运动和时尚是政治之时，我们以为我们发现了某种颠覆性的东西。我们只是将它们的无差异归结为一种分析的和意识形态的迷雾——有点像发现所有的疾病都是心因性的。这是一个了不起的发现,但让你一无所获:只是把它们放入一个更难定义的类别。

无论在哪里,这一被广泛接受的秩序分类是显而易见的——政治、文化、社会、性、心理——标明了它的死亡判决。所有形式的跨学科结构都是这种现象的症候:一个学科对应于另一个学科的概念的退化。

或者,至于这样一种概念和范畴的大杂烩,就像种族的混合和混杂一样,人们可以想象一下巴洛克的变形功能——无差异的暴力、并置的暴力、混杂的暴力,其影响在美国随处可见——一种全新的淫秽场景。淫秽就好像被加速度,被身体的、标志性的和形象的细胞速度所改变。

淫秽拥有一切现代性表征。我们首先习惯于在性犯罪中看到它,不过它扩展到一切在可见之处犯下的罪行——可见本身变成了罪行。凶残的淫乱,就像南美的某类超真实电影一样,在拍摄过程中,银幕上的虐待狂式暴力是真实发生的。凶残的反常？这并不确定，因为它与真实的完整复原的幻想，与色情的细节特征的重构的幻想是一致的，而且还与过去记录中的"复古"的幻想，或与单纯生活记录中的"被给予"和"活着"的幻想是一致的。

色情追求的是可以从性中呈现的东西，"复古"的目的在于可以从事件、文化特征和历史人物那里获得所呈现的东西——凭借其精确的标志，几乎所有的细节都被幻觉化，删除了所有的怀旧情绪。这真的很难做到：你把事物赶进真实，强迫它们意指什么。但是，除非付出这一代价，否则事物永远都不会是"真实的"：在过于花哨的灯光下，被过度的保真标准所引导。

所以从现在开始，所有真实的东西都变成了色情的超真实，所有的现在都变成了"复古"，所有有意味的迷人的轻音乐都变成了我们催眠的立体声信号。

这是一切之物的淫秽，在社会、道德和信息的广角镜下，它被无休止地拍摄、过滤、审查和改写。这些在电视上被勒索的生命，整个法兰西被迫向公众忏悔和悔罪，甚至动物也屈从于教育的勒索：从前你可以在直播里看到长颈鹿分娩；今天这一节目走进学校，在那里，我们看到的动物和孩子们看到的一样，诸如此类。微电影的展映只能以漫无目的和愚蠢的讨论为代价：文化的软技术、令人惊讶的社会性、不间断的社会评判的蔓延性淫秽。

教唆，敏感化，接入，锁定，接触，联系……所有这类术语都是一种纯洁的淫秽、一种沮丧和持续的落魄。这是变化的淫秽，是符号和价值的急剧流动的淫秽，是这种完全外向的操作行为的淫秽……民意调查和统计数据的纯洁的和非人为的客观性——大众不得不暴露他们的秘密，即使他们无任何秘密可言。每一个人必须说出他们的秘密，跨过沉默的门槛，进入交流的内在空间，在这里，外观的最弱小的维度都被抹去了。外观从来不是淫秽，无论人们说它什么。此外，淫秽之物不再可能被看见，也不再可能随之被诱惑——一切，无论有生命还是无生命，不再被眼神的一瞥这种最小的诱惑所笼罩，并且注定变得赤裸而毫无秘密，被立即吞噬。

淫秽是与被观看之物的绝对接近，凝视沉浸于视觉的屏幕——超视觉的特写，没有任何距离的维度，与它的所见之物的外观处于完全滥交的状态。淫乱。

我们，尤其西方人的心理的赤裸、真相和欲望的感染，吞噬了像性一样的面孔。除去面具、标志、仪式,他们实际上闪耀着他们需求的淫秽的光芒。我们屈从于这种无法寻找的真相的诱惑,把我们的所有精力都花在了这一贫乏的解读上。唯有表象,也就是说,这种不让意义渗透进来的符号,保护着我们免受这种辐射,免受这种在空无的真相空间里实体的消失。

被剥夺了面具的面孔,充其量只是一种性的器官;被剥夺了外表的身体,只是一种裸体和淫秽(尽管能够为赤裸的身体穿上衣服,使它免受淫秽)。

把身体或面孔完全剥离于表象,使其臣服于对外观的纯粹的淫欲,剥离于灵韵,使其臣服于对欲望的纯粹的淫欲,剥离于秘密,使其臣服于纯粹解读的操作,毫无疑问,这一切都是不可能的。但是,我们不应该低估淫秽的力量,它具有消除所有暧昧和诱惑的力量,并且把我们带入那种无面孔的身体、无眼睛的面孔以及眼睛不再观看的绝对的魅力。顺便说一句,也许这正是预先吸引我们之处:一个由纯粹的客体组成的完美的迷狂和淫秽的世界,彼此透明无遗;它们就像真相的纯粹内核一样相互破灭。

这种淫秽带走了无论是深度的幻觉,还是可能对祛魅世界发出的最后一问:存在隐藏的意义吗?

当一切都过度意指时,意义本身变得不可捉摸。当所有的价值都过度暴露在某种无差异的迷狂中时(包括当今法国的社会主义社会),价值的可信性被摧毁了。

因此,在传统色情的部分里可能存在一种诡计。色情宁愿说:鉴于我就是对它的滑稽戏仿,一定存在着好的性事。鉴于我就是它的过度,一定存在着某种尺度。但是,问题恰恰在于:作为一种身体的理想价值,作为一种必须被解放的"欲望"的性,某处是否存在好的性事?事物的虚拟状态,即性事的总体明晰的虚拟状态,这样回答:根本不存在。性可以被完美地加以解放,被完美地透明化,没有欲望,也没有快乐(它仍然起作用)。

同样的问题被提给政治经济学:在铭刻资本主义的抽象和非人性的交换价值之外,存在某种善的价值实体、某种能够而且应该被解放的理想的商品使用价值吗? 我们很清楚地知道答案是否定的。使用价值已经消失在交换价值的地平线上,它仅仅是一个充满矛盾的政治经济学之梦。

这就是社会问题之所在:除此之外,在这一恐怖主义的和超真实的社会之下,在这一无所不在的交流的勒索之下，存在某种对于社会来说善的实体、某种可能而且应该被解放的理想的社会关系吗？答案显而易见是否定的：某种社会契约的平衡与和谐已经消失在历史的地平线上，我们注定导向这一赤裸裸的变化的淫秽。我们不必相信我们是在实现某种邪恶的乌托邦——我们是在实现乌托邦，仅此而已。即，它崩溃为真实。

剧场和布景的幻觉，同样是真实的。

巴洛克剧场过去是一种夸张的表现形式。宴会、喷泉、烟火、机器类工艺（伟大的机械技术首创于戏剧幻觉的生产中）之间是不可分割的，（舞台的）场景幻觉具有总体性。就像透视画一样，它是当代的拟像，比真更真，但并不试图把自身与真实混淆起来：相反，借助机器、工艺、技术和仿制，按照它自己的原则，真实受到挑战。就像16世纪到17世纪的绘画视角，它所使用的方法通常是幻觉式的和歌剧风格的。它保留了一种舞台感，这是一种表象的而不是真实的策略——幻觉一直保持着不放弃其（根本不存在的）秘密的力量。

但是，无论如何我们都会让它坦白。我们将在再现的陷阱里捕捉戏剧。从18世纪开始，它负载起"真实",舞台远离了机器类的拟真和幻觉的形而上学,自然主义形式胜出。舞台用变形的声誉换来了全方位的超验的魔力。剧场开启了批判时代,社会对抗、心理冲突以及整体批判的当代岁月登场了。

然而,在这种再现的层次上,还有更为要紧之事。剧场,即使不再具有变形的能量或幻觉的神奇影响,仍然保持了一种批判的能量和一种亵渎的魔力——这包括舞台与观众的分离,还包括一种批判的形式、一种超验的和判断的空间。

阿尔托无疑是最后一个想要拯救戏剧的人,他把剧场与真实的腐朽图景分离开来,期待着再现的终结,并且借助残酷,即将某种甚至先于符号和拟像之物、某种用符号对现实进行野蛮操控之物,或某种在两者间缺乏区分的以剧场的非真性为特征之物(京剧、巴厘戏剧和牺牲自身作为谋杀幻觉的场景),重新注入戏剧。

今天,这种舞台批判的能量——当然,更不用说它的幻觉力量——正处于被清除的过程中。所有的剧场能量都进入了对场景幻觉的否定和所有形式的反戏剧当中。如果剧场形式和真实形式暂时处于彼此的辩证游戏中,那么今天戏剧的纯粹而空洞的形式与剧场的纯粹和空洞的形式就是相互作用的。幻觉被放逐;舞台和观众之间的分离被禁止;剧场进入街区,进入日常生活;它宣称投入整体的真实,融入其中,同时为它改头换面。矛盾达到了顶点。所有的生动、创造和表达的"外爆"形式,发生和上演——剧场采取这样一种普遍化的治疗心理剧的形式。这不再是著名的亚里士多德式的情绪宣泄,相反,它是一种解毒和复活的治疗方法。这里,幻觉不再可靠,真实在自由表达中迸发。我们都是演员,我们都是观众;没有了专门的舞台,舞台随处可见;没有了更多的规则,每一个人都在上演自己的戏剧,即兴发挥自己的幻想。

反戏剧的淫秽形式,无处不在。

但是,还有反教育的和反精神疗法的戏剧,在那里,疯狂和知识在心理戏剧的共谋中消失了;还有反精神分析的戏剧,被分析者和分析者最终角色互换。每一个地方的舞台都消失了,到处都有维持强度和差异的两极受到惯性的打击。

还有人工复活的戏剧,这是淫秽所采用的形式之一。事件的最重要的转换之一就是看到工作的场景——也处于消失的过程——被重新激活,即在德国的拟像工厂里被真空包装,工作过程中鲜活的社会心理体验被保留下来,以供失业者使用,并且缺少任何"真实的"生产。一个现代世界的奇妙幻觉:失业者有偿地从事可谓是与生产相同的活动,但是在一个现在完全无用的场域。这是真正的工作迷狂,他们生活在工作迷狂的形式中。与此同时,没有什么比对这种工作的模仿更淫秽或更忧郁的了。在这里,无产阶级变成了被玻璃纸包裹着的妓女。

这种纯洁的淫秽,这种透明的迷狂,在政治场景的崩塌中达到它的巅峰。

从 18 世纪开始,后者被道德化,变得庄重起来。它变成某种基本的核心所指:人民、人民的意志、社会的矛盾等。它被召唤去实现一种完美再现的理想。

以前的政治生活,像宫廷生活一样,以一种剧场的模式上演,以表演和诡计为基础,现在则有了一个公共空间和再现系统(间歇同时发生在舞台与观众分离的剧场)。这是一种美学的终结,也是一种政治伦理的开始,就像某种比喻的空间,从现在开始不再被赋予场景的幻觉,而是被赋予历史的客观性。

这种政治场景的伦理结晶产生了一个漫长的压抑过程（就像语言结构产生了一种被压抑的符号）。淫秽在这里诞生，在幕后，在再现系统的阴影里。因此，首先是黑暗：这是挫败场景透明的东西，就像无意识和压抑摧毁了意识的透明一样。淫秽既不是可见之物，又不是可再现之物，而是一种拥有破裂、僭越和隐藏暴力的能量。这是传统的淫秽，是性或社会压抑的淫秽，是既不能被再现也无法再现的淫秽。

对于我们来说，还有另外一种方式：今天的淫秽反倒是过度的再现。我们自己的极端淫秽不再是被遮蔽和被压抑的淫秽，而是社会本身的透明性，是作为意义、参照、证据的社会（和性）的呈现。已经发生了彻底的逆转。如果淫秽曾经仅是被压抑的次要特征的话，如果它曾经是再现的地狱——正如他们所说的国家图书馆的地狱——传达着阻断的魔力，传达着它的幻觉和变态，那么今天它作为被压抑的主要特征迸发出来，将可见的场景外爆成一种迷狂的再现。

一开始是秘密，这是表象的游戏规则。然后是被压抑的，这是深层的游戏规则。最终，淫秽出现了,这是没有表象或深层的世界的游戏规则——一个透明的世界。一种纯洁的淫秽。

任何淫秽都是表面之事。但是,这些表面之下不再有秘密。曾经被保守为秘密之物,或甚至曾经的不存在之物,发现自己被强行驱逐到真实,再现为超出一切必需和相似之物。再现的暴力。至于色情,色彩和特写中的高潮既不必要也缺乏说服力——它仅是不可思议的真实,即使它根本没有真相。它仅是卑鄙的可见,即使它什么也不再现。

为了让某物有意义,必须有一个场景,为了有一个场景,必须有幻觉,哪怕是最低限度的幻觉、最低限度的想象活动、最低限度的蔑视真实,它带你离开,诱惑你或背叛你。如果没有这样一种神秘而抒情的、恰如其分的审美维度,那么甚至就不会有某物可能发生在其中的政治场景。对于我们来说,这种最低限度的幻觉已经消失了:在比夫拉(尼日利亚东南部一个地区)、智利、波兰的事件中,即在恐怖主义、通货膨胀和核战争的事件中,我们既不必要也不可信。我们暴露在媒介对这些事物的过度再现当中,但我们还是无法真正地对它们加以想象。对我们来说,所有这一切就是一种淫秽,因为媒体中的图像被制作出来是为了被看见,而非被注视,其影影绰绰的轮廓令人想入非非——就像性吸引窥淫癖者一样:从远处。既不是观众,也不是演员——我们是没有幻觉的窥淫癖者。

如果我们被麻醉了,这是因为不再有政治场景中的美感(在这个词语的引申意义上),不再有赌注、游戏规则。因为信息和媒介不是场景,不是可预期的空间,或者不是被表现之物,而是一个缺乏深度的屏幕、一个带有信息和信号的被打孔的磁带,这一切对应着接受者自我的打孔式阅读。

没有什么能够补偿这种所有的场景和幻觉的缺失——在社会的自动的拟真中,在政治的自动的拟真中。尤其不仅仅是政治人物的话语,所有人都被迫模仿彼此可悲的举止——冷漠的好色者,他们的官样淫秽不断倍增,并呼吁人们对一个无幻觉世界的淫秽的关注。更何况无人在意这一切。我们沉浸在政治和历史的迷狂中——完美的无形式和无效用,完美的一致性,然而是麻痹状态的,是一个在世界范围内被冻结的立体复合的、超政治的存活。

今天,不再有超验,有的只是运作持续的固有的表面,一种可操控的交流的平滑表面。浮士德、普罗米修斯时代的生产和消费，让位给千变万化的网络时代，让位给自恋的同样千变万化的分支、联系、邻近、反馈以及广义界面的形式。像电视一样，整个周围的世界和我们自己的身体变成了一个可操控的屏幕。

物体和现代环境的决定性变化，起因于向要素和功能的形式化的抽象运作，即一种单纯的真实过程的均质化，一种电力和电子控制中姿态、身体、功能的替换，一种过程时空的微型化以及向由微信息记录仪和微型处理器建立的真实场景的位移。

我们已经来到了时间、身体、快乐的微型化时代。这些东西在人类的尺度上不会再有任何理想的标准。除了核效应，不会再有其他效应。从人的尺度到核的尺度，这一变化随处可见：这个身体，我们的身体，看起来基本上是多余的，它的器官、组织、功能的扩展、多样和复杂是无用的，因为今天的一切都集中在大脑和基因公式上，它们恢复了自己对操控存在的定义。乡村，地理上巨大的乡村，似乎是一具沙漠体，它的延展是不必要的（最终甚至厌倦穿越），因为所有的事件都在城市中得以澄清，它们本身处于还原到若干小型化展览场所的过程。至于时间：是不是可以说，留给我们的巨大的自由时间,太多太多,迄今像一个模糊的地带、一个从今往后不再需要探索的维度,包围着我们,因为交流的即时性已经把我们的交换微型化为一连串的瞬间?

我们不再处于异化的戏剧中,我们处于交流的迷狂中。

私人世界无疑被异化了,因为它把我们与其他人分开,但是它也从异化中获得了象征性的好处,视情况而定,有着一种吃苦或享受的差异。所以,消费社会处于异化的符号之下,是一个奇观社会,但奇观仅仅是奇观,绝不是淫秽;淫秽从一开始就不再有场景,一切都变得无情地透明。

马克思谴责了商品的淫秽,这与它的自由流通的卑鄙原则有关。商品的淫秽来自它的抽象、形式和轻,而不是它的重量和密度。商品具有易懂性:与从不完全坦白自身秘密的物品相反,商品总是呈现它的可见本质,即价格。它是对所有可能物品加以转录的形式场所:它们借此进行交流——它是现代世界第一个伟大的交流媒介。但它传递的信息极其简单,并且始终如一:它就是交换价值。因此,信息基本上已经不复存在,它是强迫自己进入纯粹流通的媒介。

我们只需拓展马克思对商品淫秽性的分析,就能阐明这种交流的世界。

今天,不仅性变成一种淫秽的色情,而且还存在一整套的信息和交流、循环和网络的色情,这是一种在可读、流动、获取、规范、多价、强制意义、自由表达……中兼具功能和对象的色情。这是可以完全融入交流的淫秽。

纯洁的淫秽紧随非纯洁的淫秽而来——冷漠的淫秽紧随热烈的淫秽而来。这两者暗示一种滥交的形式:身体里五脏六腑的滥交,私人领域里物品堆积的滥交,压抑的沉默中大批人群的滥交——器官的滥交,内脏、停尸间。另一个更像是一种外表饱和之物,不断恳求和消除裂隙空间。

我拿起电话听筒,事情就是这样,整个边际网都钩住了我,用所有假装交流的令人难以容忍的诚信惹恼我。免费电台服务:说话,歌唱,表达——太棒了!——这一切,内容的梦幻。就媒体而言,其结果是:一个空间,调频空间,发现自己饱和了,各电台最大限度地相互叠加在一起,以至于无法更多地交流。以往的自由已经不再可能——我甚至无法再找到想要听的内容,空间如此饱和,来自所有想被听到的东西的压力如此急迫。

我陷入电台的否定性迷狂。这种交流的谵妄肯定处于一种适当的魅力状态,也因此是一种独特的快乐。如果你遵循凯洛伊斯对游戏的分类——游戏的表达、竞赛、机遇、眩晕——那么,当代文化则是从表达和竞赛的形式漂移到偶然和眩晕的形式,它不再是一种场景、镜像、挑战、决斗的游戏,而是一种迷狂、独处、自恋的游戏,在那里,快乐不再是一个戏剧的和审美意义上的事件,而是一个偶然的、作用于精神的纯迷恋的事件。这绝不是一个否定判断,因为我们这里肯定是在处理体验和快乐的形式的基本变化。如果我们试图把我们传统感觉的标准和反应应用于它,我们将难以对这一现象的结果做出判断,我们将毫无疑问地在这一新的感觉领域中误解事件的潜在性。

有一点可以肯定:场景让我们充满激情,但淫秽令我们着迷。在迷恋和迷狂中,激情消失了。按照凯洛伊斯的观点,火热的领域包括投入、欲望、激情、诱惑,还有表达和竞赛。此外,凯洛伊斯还主张,迷狂、淫秽、着迷的世界,以及偶然和眩晕的世界,它们是冷漠的、冷酷的(眩晕是冷漠的,甚至是麻醉了的)。

　　无论如何,我们将不得不忍受这种所有内在的强制性外溢和这种所有外在的强行闯入,这一点恰当地表明了交流的绝对迫切性。我们应该求助于病理上的隐喻吗？如果歇斯底里是主体的戏剧恶化的病理,是身体的表达、表演和操控转换的病理——如果偏执狂是世界的僵化而妒忌的组织和构造的病理——与此同时,伴随着所有网络的交流、信息和内在的滥交,伴随着这种文化的分流,我们反而会置身于一种新型的精神分裂症当中。严格地说,不再有歇斯底里或投射性偏执狂;这是让精神分裂症患者感到恐惧的正常状态:所有事物都太过接近,所有事物都在一起天真地滥交,它们毫无抵触地彼此接近、投资、渗透,缺少保护性的光环,甚至缺少身体突破的光环。精神分裂症剥夺了一切场景,向一切敞开,不管他自己是谁,并且处于超级混乱当中。他自己就是淫秽,世界淫秽的猎物。他的特点与其说是他与真实的光年距离,一种彻底的断裂,不如说是绝对的接近,事情的完全即时性,毫无防备,没有退路。内在性和亲密的终结、世界的过度暴露和透明,世界穿过他,他已经无法设置任何障碍：因为他不再可能生产自身存在的界限，并以此反观自身；对于所有的网络影响，他只是一块吸纳的屏幕，一个旋转的和无感的平板。

如果这是真的，如果这是可能的，这种淫秽和普遍的迷狂的所有功能很可能是一种理想的透明状态、一种主体与世界的和解状态，对于我们来说，这将是根本性的最后审判，它本来就应该发生。

两种选择，同样可能：一切尚未发生，我们的不幸来自一切从未真正的开始（解放、革命、进步）——终极乌托邦。另一种可能是一切已经发生。我们超越了终点。所有的隐喻都具体化了，坍塌成现实。这是我们的宿命：终结的终结。我们身处超限的宇宙中。

反讽的策略

我们已经超越了一切，包括场景和真相的界限。

我们确已超然物外。想象是力量，光、智识是力量。我们正生活在或不久将生活在社会的完美中。万物莅临，天堂降到人间，这是乌托邦的天堂。曾经在光芒普照的视阈里存在的一切，眼下正以慢镜头的方式呈现灾变。我们几乎能够品尝到那物质天堂的致命的味道。透明，一种异化时代的理想准则，如今实现于同质的和恐怖的空间形式——超信息，超感觉。

迷狂、诱人和透明的白魔法替代了禁忌、异化和僭越的黑魔法。这是法律悲悯的终结。不会再有最终审判。我们已经超越了它，只是并未意识到而已。

很遗憾。我们身处乐园。幻觉已不再可能。它以往抑制真实，现在却难以做到；我们见证了真实在一个没有幻觉的世界中的显露。甚至历史的幻觉，这种在真实和理性的无限性中保持的融合的希望，以及由此而来的形而上学的张力，也被驱散。真实具有了合理性。这种结合完成于超真实的标志，一种真实的迷狂形式。所有的形而上学张力都已消散，生成一种荒诞玄学的氛围，即，一种真相过程的同义反复和怪异的完美。愚比王[①]：小肠和空无的显赫。愚比王：完满和肥大的形态，怪异的内在，惊人的真实，一个天才的形象，充满了所吸纳的一切、所越界的一切，就像想象性的解决方案一样在空无中闪耀。

难道上帝会落入这样一种不值得他采取的策略，即在最终审判结束时最大限度地接近他的理想目标，使人的形象与他自己的形象达成和解？幸运的是，并非如此：上帝的策略是这样的，他使人处于悬置中并敌视自身的形象，把恶提升为一种原则性力量，并且使人对任何偏离既定目标的诱惑格外

[①] 愚比王（Ubu），法国荒诞戏剧家雅里的戏剧作品《愚比王》的主人公。

敏感。

没有现实原则,也没有快乐原则。只有和解的最终原则,以及恶和诱惑的无限原则。

在社会、性、身体、信息的迷狂之外,恶的原则保持着警觉,社会的恶灵、客体、激情的反讽。

在主体的最终原则之外,还有客体的致命可逆性、纯客体、纯事件(致命)、大众-客体(沉默)、恋物-客体、女性-客体(诱惑)。在主体获胜的数个世纪之后的今天,客体的反讽处处迎候我们,客体的反讽在信息和科学的核心处、在系统和其法则的核心处、在欲望和所有心理的核心处,清晰可辨。

社会的恶灵

推动进步的既不是社会道德,也不是肯定性的社会价值系统,反倒是非道德和堕落。

不是善,也不是德行,无论是理想的和柏拉图式的道德,还是控制变化或社会真实的实用和客观的科学技术:这种催化的冲动来自图像、理念或符号的放浪。

道德、价值、科学、理性的合理系统，主导的仅仅是社会的线性进化、它们可见的历史。但是，真正推进这些东西前行的更深层的能量来自别处。来自名望、挑战，来自所有的诱惑或对抗的冲动，包括自杀的冲动，它们与社会道德、与历史或进步的道德无关。

竞争比任何道德都更强有力，竞争属于非道德。时尚比任何审美都更具影响力，时尚属于非道德。荣誉，我们的祖先早就说过，比美德更值得珍惜，荣誉属于非道德。在每一个领域，符号的放浪比真实更具感召力，符号的放浪属于非道德。赌博的规则是恒久不变的，比劳作更具约束力，赌博属于非道德。诱惑的各种形式比爱或利益更具吸引力，诱惑属于非道德。

这不是玩世不恭的哲学观，即便对于曼德维尔①来说也一样，而是一种关于社会的客观看法，以及关于所有可能的思想体系的客观看法。这种能

---

① 伯纳德·曼德维尔（Bernard Mandeville, 1670—1733），哲学家、英国古典经济学家。提出著名的"私德即公益"的"曼德维尔悖论"。

量本身是玩世不恭的和非道德的。没有一个只遵循概念逻辑的思想者不是鼠目寸光的。你必须玩世不恭或自甘堕落,如果我们可以这样说的话,这不是不道德。它是对事物的神秘秩序的深度怀疑。

这不是说个体或群体会服从某种神秘的本能,但事实仍然是,那些一直试图根除这种违反、放荡、恶灵的力量,通过消灭一切直到人们心中的"非理性"动机,使人们总是或多或少地获得死缓的判决。堕落的能量是不可替代的,恰恰因为它是一种裂变和断绝的能量,而他们始终非常天真地希望用生产的机械能取而代之。

我们所谓的合理的和程序化的社会是如何运作的?是什么让它们运作?是什么使整个人口流动起来?是科学的进步、"客观的"信息、集体幸福感的增加、事实和因果的明了、对罪恶的正当惩罚,还是生活的品质?都非如此:除了应对民意调查,没有人对这些感兴趣。真正让人着迷的是符号的放浪,真实无时无地不被符号浸染。这是有趣的游戏,这是发生在媒体、时尚、报道里的事情,是发生在更普遍的政治、技术、科学的奇观里的事情,是发生在任何东西的奇观里的事情,因为真实的颠倒、事实和再现的惊人扭曲、拟真的胜利,像灾变一样迷人——事实正是如此，它对所有意义的影响是一种令人眩晕的颠覆。为了这种拟真或诱惑的影响，如你所愿，我们愿意付出远远超出我们生活的"真实"品质的任何代价。

这是广告、时尚、博彩的秘密，也是摧毁道德功能和释放所有非道德能量的下流系统的秘密，这类系统拒绝事物的真相，毫无顾忌地享受事物的符号性。在这种情况下，它们返回一种神奇而古老的能量，这种能量总是在赌万能的思想与真实世界的力量的对抗，这一拆解意义、否定事实、再现、传统价值的非道德能量，使封闭在柏拉图式图像中的社会感到震惊。

这种"恶魔般的"改变之力、这种非道德的转换之能，支持和反对所有的价值系统，它的一个很好的例子就是美国。尽管其保持着道德、清教主义、崇尚善乃至实用的理想主义，但是那里的一切都在一种冲动的作用下发生着无法抗拒的改变，这完全不是进步的冲动，顾名思义，线性的冲动——不，真正的动力来自对自由体制的排斥。无论是社会环境还是野生状态，即使在今天，对任何合乎逻辑的社会方案都是难以抗拒的：那里的一切都按照这种标准进行检验、支付、推广以及失败。西海岸的音乐、诊疗、性"变态",东海岸的摩天大楼、领导者、小玩意、艺术活动,这一切都在以同样的无休止的节奏被一波接一波地展示出来。而我们自己的文化无意识,在文化和意义的深度滋养下,面对这种奇观性符号只能沮丧地哀号。事实一直如此,它存在于所有形式的、所有种族的非道德的滥交中,存在于改变的暴力奇观中,一个社会的成功和生命的印记就存在于此。

宣传、抽象、可怜的欧元流通,不道德的股票价格、时尚周期,毫无价值的声望技术,选举游行,军备竞赛,所有这些不仅是资本统治的历史标志,而且是比资本本身更重要的最具决定意义的事实证据。它证明:没有一项名副其实的社会方案真实存在过,最终没有一个群体真正认为自己是社会性的,即,与自己的价值观密切相关,与自己的集体规划相一致,简言之,甚至从未有过一个负责任的集体主体的影子,也从未存在过一个负责任的集体主体的胚胎,甚至从未存在过这种目标的可能性。

公共道德、集体责任、进步、社会交往的合理性——废话!什么样的群体还在梦想这个? 社会学家和意识形态专家,是的,还有那些已经完全丧失了这种政治意识的政治家,这种政治的虚伪和荒谬,这不仅是马基雅维利《君主论》的特性,而且,如果你跟随曼德维尔来到社会的深渊,这也是马基雅维利主义的社会的真正功能。

社会本身的能量、社会契约的和社会主义理想化的能量,是一种贫乏的能量。它是一种合理的能量,是一种迟缓的和人为的能量。但是,人们可以很容易看出,这不是人们所服从之物,而仅仅是他们的历史。甚至可以认为,这种"自觉的"能量聚集之点的大革命,不是历史关于主体的最终定论。正如里瓦罗尔①所说:"人们并不是真正地需要一场革命,他们想要的是一场革命的奇观。"还有什么比这一点更具欺骗性、更不道德吗?(尤其事关大革命之时!——不过放心吧:当它成为一个需要秩序的问题时,人们感兴趣的仅仅是秩序的奇观。)

如果我们在这里表现出反常,即我们从不渴望真正的事件,而是它的奇观;从不渴望事物,而是它

---

① 安东尼·里瓦罗尔(Antoine Rivarol,1753—1801),法国政论家、新闻记者、讽刺诗人。他自称出身于意大利贵族家庭,并用里瓦罗尔伯爵头衔,在法国大革命时期发表作品支持君主政体。

的标志,以及对它的标志的秘密嘲笑,这意味着我们不是真正地希望事情发生改变,这种改变还必须诱惑我们。

为了大革命的到来,它必须诱惑我们,它只有借助标志才能做到这一点——它与今天为选举奔忙的政治家们有着如出一辙的处境。但是,你可能最终会为诱惑付出高昂的代价,因为无论大革命在历史上多么富有意义,只有它的奇观才是崇高的。我们将如何选择?为什么人们会如此频繁地为大革命付出高昂的代价,让它的倡导者感到遗憾的是,允许它在冷漠中走向衰微,这一"事件"就像坏运气,为大革命的奇观牺牲了他们的生命?

正是这种狡黠的冲动将我们从恐惧中解救出来。

另一个非道德社会的例子是意大利,它的非道德性无所不在。为什么意大利不忧郁(像法国一样,甚至像社会主义一样)?

毫无疑问,因为它是唯一一个已经集体跨过了拟真的虚拟门槛的社会——一种生活在既可笑又微妙的拟真秩序中的精湛的集体技艺。它不会拼命抗争——这就是为什么生活在那里最终会更快乐——这种物质、价值和意义的缺失使其他人不快乐乃至沮丧。其他人生活在一种被阻止的拟真状态中。在大多数情况下,意大利人生活在愉悦的拟真状态中。在那里,法律已经——或许它一直都是——屈服于游戏和游戏规则。所有的意大利人,从红色旅到情报机构,从妈咪到黑手党,从地震遇难者到P2监狱(国家的奇迹变成了秘密社会!),在某种意义上,都是同谋,在戏剧性的以及现时的有关权力、法律、生存的秩序或非秩序的拟真中,保持着一种讽刺性纵容——一个秘密契约封闭了主宰这一切的表象策略。

这一契约还涉及政治和社会的透视画效应,它在痉挛中产生影响并被废止,我们从中获得了强烈的快感(我们在此并没有远离文艺复兴的模式)。真正的社会分配是诱惑的集体分配。

还有什么比这更神奇的纽带?在可参照的世界裂变之外,无论是集体还是个体,除了虚构和表象的反讽策略,你还能够发现什么?此外,并不是来自坟墓之外的法国社会主义让我们信服,因为它只是作用于社会的非快乐的表象,这体现在指挥官密特朗的葬礼雕塑,以及他的同僚们的道德官僚主义上。

这种对群体自身原则的秘密违反,这种广泛的非道德和两面性,并不反映一种普遍的秩序?我们需要重新唤醒在摩尼教和所有伟大的神学里活跃的恶的原则,以便确认,反对善的原则,不完全是恶的至高无上,而是根本的两面性,它要求任何秩序只存在于被违背、攻击、僭越和拆解中。

原始人没有看到任何不同,我们知道他们对神的看法与我们自己的有很大差异;他们发明神只是为了将其置于死地,并从这种断续的牺牲中汲取神的能量。对于阿兹特克人①来说,众神一个接一个地牺牲自己,为的是生出太阳、月亮、人。为了让某种东西活下去,化身为它的神必须死。

这是基本的规律:一个群体或个体要生存,就永远不能以自身的好处、兴趣、理想为目标。他们总是要把目标放在别处,放在边缘、偏远、脱离中心

---

① 阿兹特克人(Aztecs),北美洲南部墨西哥人数最多的一支印第安人。

的地方,就像日本武道中的斗士。在这两个原则之间谋求妥协毫无用处。两面性是策略的,也是致命的。

这正是巴塔耶透过他的耗费概念和被诅咒的分享概念所看到的。确切地说,奢侈、过度才是基本的。所有的赌注都集中在这里,一种社会的能量由此被激发出来。因此,社会不再是一个管理群体利益的契约组织(这只会是一种对不幸的管理,尤其包括社会本身的贫困——经济学的原则基于这样一个事实,即永远无法满足每一个人,而巴塔耶的原则基于的事实是,每一个人总是拥有太多的东西,过剩是我们的宿命),而是一个危险的、不稳定的组织,甚至可能是一个荒谬的组织,这是一个充满毁灭能量的规划,一种反经济的、精英的、对保守本性的挑战。社会是一种奢侈,而我们自身只是凸显了社会的贫穷特征。

另一个令人鼓舞的迹象是:一旦时机成熟,一种非凡的集体魅力和民族激情表现为牺牲或目睹其领导者牺牲。我们不应低估这种赋予男人或种姓以权力的真正的政治激情,随之而来,人们还会看到他们的崩溃或他们自己加速走向终结。

这仅是一种可逆性法则的政治版本、一种政治智慧的形式,如果不是更高一级,至少与社会契约和权力授予的形式是相等同的,它只褒扬否定。当然,人们选择领袖并服从他们;当然,人们赋予他们代表权和合法性。但是我们能不能假设,并不总是存在向他们复仇的逻辑必然性?无论它是什么,无论它来自哪里,权力都是一种象征性谋杀,必须通过谋杀来赎罪。我们还可以肯定的是,每个社会都完全意识到了这一点。当它让某人掌握权力时,这个人,如果他聪明的话,也同样会完全意识到这一点。这就回到了一种游戏的规则,即,群体也好、个体也罢,永远不应该以自我保护为目的。如果权力真的想要有效地行使,那么它也不应该以自身的延续为目的:它应该以某种方式欲求自己的死亡。缺少这一点,它将陷入权力的幻觉,处于不断产生权力和不断放弃权力的荒谬当中。如果不明白这一点,它将被扫地出门。如果群体不理解这一点,它将会丧失自身。权力机制是建立在同样的必然消解之上的。

现代的领导者,尽管痴迷于他们的延续性,尽管未被赋予仪式化的牺牲,但是他们理解这种规则,并且毫不犹豫地通过或多或少精心策划的暗杀企图来上演他们的让位和死亡。再有,他们中的某些人并不总能安然无恙地逃脱,但这并不重要,因为在这种情况下,仅仅濒死也无济于事,你必须知道如何退场和消失。至于现代系统的特征,无论是官僚机构还是管理机制,就是不再了解如何去死,不再了解除自身成功之外还能做些什么。今天的领导者相信他们的品质,因为他们相信来自人民的认定。他们仅拥有平庸的权力策略。但是,其他政治家始终了解权力永远不是这种单方面处置他人意志的能力,而总是对它自身消失的某种含蓄而暧昧的精心安排。他们知道,权力就像真相一样,是一个你必须明白永远也不要占有的空无的场所,但是你必须知道如何创造它,这样别人才会被它所吞噬。此外,坚持占有这一场所的权力,使权力人格化的权力,是淫秽的和不纯的,迟早要在流血和戏弄中崩塌。

此外,智慧的颠覆策略还可以避免直接与权力针锋相对,而是迫使权力陷入这种绝对显而易见的淫秽境地。正是在这里,误以为真实的自己跌入了想象——正是在这里,除非亵渎自身的秘密,否则它将不复存在。

这是1968年5月非调和的谋略:强迫权力与它自身的非拟真化的演练相叠合——准确地说,通过多个诱饵——并使权力显现为压抑,这显然是一个幼稚而无用的目标。

牺牲自己来证明这一点有什么用呢?但陷阱就在那里:迫使它比在现实中更压抑。因此,示威者通过迫使权力把压抑的淫秽施加到镇压之上,实际上行使了一种拟真的权力。这就是致命之处:拟真永远是最有效的武器。你所施加的这种暴力以其全部的惰性与它自己相对抗,这一切足以让你面临自我毁灭。因此,1968 年 5 月不是一种进攻行为(权力将轻而易举地赢得这场战斗),而是一种防御性拟真,这是为了剥夺权力自身的秘密(严格地说,它并不存在),从而让它在自己的暴行面前无从防备。

我们应该记住,权力围绕着一个秘密的巨怪,要提升某人的权力就是要使其投入艰难困苦的演练,时刻处于荒谬的边缘,没有任何战胜对手的优势。他只有通过暧昧和两面性来控制局面。如果你在他的规则实践中去除了所有的不确定,你会置他于死地。

恶的基本原则就在于客体的反讽和由此产生的策略。

所有的时代、所有的哲学和形而上学,都在某一时刻形成了(摩尼教、异教徒、清洁派、女巫,还有奈瓦尔主义者、雅里主义者、洛特雷阿蒙主义者)关于这个世界的嘲弄的和根本不真实的假设,即,真正的恶的原则,他们总是为此受到迫害和被烧死,这种最后的原罪。

世界的非真和结果,思想的万能,严格地说,只是被那些失去了真实的社会(而不是失去了历史或书写的社会)所构想出来的。所有的神话、所有的新兴宗教,都生活在对真实的暴力否定中,在对存在的暴力反抗中。所有对真实的否定和反抗,当然更接近于完全用思想来创造一个世界。

我们已经把反讽变成了一种魔鬼般的形式,但是它过滤了所有的东西,把它们从混乱中拯救出来。它过滤了文字、灵魂、身体、概念和快乐,保护它们免受多情的滥交或凝固。它从一种形式变为另一种形式,从一个物种蜕变为另一个物种——因此,希腊神话中人与神的交配是颇具讽刺意味的。神和人的区别、人和兽的区别,是一种诱惑的春药。当彼此情投意合时,一切都变得淫秽。反讽的必要性,就像快乐的必要性一样,是恶的必要性的一部分。

客体的恶灵

直到 20 世纪初,科学才认识到,任何微观观察手段都会引起客体的改变,致使对它的认识陷入危机。这确是一场革命,因为客观现实和科学的传统假设由此被抛弃,但实验原则本身并未受到损害。至关重要的是确定性,一种新规范取而代之,即非确定性的建立。这种结果与科学本身作为中介的功能相关——但这种相对性在某种程度上验证了一种至高无上的骄傲。"我的确定性止于对仪器的解读。"一位显微物理学家说。或者还有:"这颗光粒子停留在感光板上,这一感光板事实上不是它的'原因'吗?在屏幕或照片胶卷上捕捉到它之前(或之后),我们真的能够谈论光子吗?"在人文科学中,与那种凭直觉、从未对其最终的结果做出分析相对应的是,对问题本身任何可能的答案的预设和归纳,以及由此而来的分析和解释的自负(当然,许多人并未受到此一担忧的困扰)。

然而,这只是一场有限的革命,在此种意义上,没有其他的假设比改变对象的假设更易被接受,对象屈从于观察手段的暴力,不具有反应的可能性(除了将其归于我们无能这一无法解决的问题之外,像俄耳普斯的欧律狄刻一样,召唤一个对象而不使其消失),或另被谴责为总体拟真的对象,即,被投射到模式的偶然形式。

除了对象的存在被扭曲之外,这样的假设从未作为一种积极的回应被接受过,即对被质疑、怂恿、亵渎的事实的积极回应。

也许不满于被观察所疏远,对象在愚弄我们?也许它颠倒了它自己的答案,而不仅仅是那些被索求的答案?它很可能根本就不想被分析和被观察,而是把这个过程作为一种挑战(也的确如此),以挑战做出回应。在所谓的人文科学中(我们宁愿不要忘记它),我们非常确切地感觉到被分析对象的这种获胜的诡计。在这里,我们已经能够标注一个不归之点,不仅每一个分析主体的立场遭到相关性和非确定性的冲击,而且优势也被彻底颠倒了:今天,被分析对象凭借其所处的客体的位置,全面战胜了分析的主体。它逃避了无处不在的分析者,把他推回主体的非决定性立场。凭借复杂性,它不仅溢出,而且还消解了其他人可能就此提出的问题。在可逆性中,甚至自然过程也挫败了所有的恳求(可逆性是抵制决定性的绝对武器,人们试图强加给不论哪一种现象,但它都不会放过非决定性,因为可逆性不是一个偶然的问题,而是一个完全颠倒和同时决定的问题,或是一个反常的反-决定的问题)。被分析逼退的客体变得可逆,恰如表象;被意义逼退的客体发生变形。分析的主体变得处处脆弱,客体的复仇才刚刚开始。它本身就是普遍可逆性的一部分。

更糟糕的是,或许主体将看到他自己在某一天被客体所诱惑(这是很自然的),他将再次变为表象的猎物——这是迄今为止可能发生在他和科学身上的最值得称道的事情。

这种可逆性,这种将知识转化为主体和客体之间的神秘决斗,这种迄今为止在语言范围内形式的易读性:物理学家本身是在物质的"精密科学"的极限上感觉这一点的。

对粒子的观测不允许我们说,相同条件下产生的另一粒子会发生什么。观测一个粒子,比如光子,实验仪器的干扰会达到这样一种程度,即与第一个粒子分开有无限远距离的另一个粒子,在我们的刻度上等同于数光年,瞬间会对这一运动产生回应。

"观测以比光速更快的速度传递其远程的影

响。光子彼此唤醒,发送信息回到光源,并且想办法避免观测系统造成干扰。光子交流是奇妙的。为了做到这一点,它们似乎采用了远距离的即时交互——超出了光速的极限。来自未来的能量可以改变系统的现状。"

如何利用它们超快的秘密机制来抵御这些光子的超光速反讽,挑战所有的分析仪器?无论如何,这种假设是对非惰性的"物质"的主动和执拗的回应,一种不可简化的对抗,说实话,这是一场主体和客体之间的殊死决斗:主体无论是谁,他已经在分析中被实体化了;客体无论是什么,主体都宣称要使其顺从于他的算计和谋划——这个假设极具吸引力。你想想看,它确实显而易见。这个有关宇宙死亡的客观性的("科学的")假说,令人难以置信。如果人们期待成为一个唯物主义者,那么他们绝不应该把这种惰性和被动性归于物质,而是应该归于精灵,哪怕是邪恶的精灵,一个能够消除所有征服他的企图的精灵。

迄今为止,可逆性实际上仍然是形而上学的。("如果宇宙可以被解释为一个原因的结果,自然地,这是因为原因和结果不能被认为是相等的和相互可交换的术语。就像水和墨的混合物无法最终再被分为两种不同的液体一样……每一种物理现象都一直从属于因果链条的不可逆性。")但是现在它可能正处于一个打破物理秩序、动摇其根基的过程。

随着物理秩序的消失,合理性原则要防止结果反过来成为原因并消解原因;防止结果成为消解原因的罪魁祸首——或防止从未有过原因,有的只是纯粹和单一的影响链条。可逆性杀死了卵或蛋里的因果关系的决定性(或非决定性)原则。当我说"蛋里",我是在有关鸡和蛋的难解之谜的意义上提及它的——哪个先出现?——这是一个有名的因果关系悖论;甚至因果秩序都无法逃脱反讽的循环,某种程度上,它是可逆秩序的复仇。

可逆性故事通常是最有趣的,如一只老鼠和心理学家的故事:老鼠讲述了它是如何完美地调动心理学家,让他每次打开笼门时都给它一片面包。通过这一故事,你能够想象,在科学观测的层次上,实验有可能被伪造——不是观察者故意改动,而是被对象伪造,出于取乐或复仇的目的(就像原子的轨迹难以辨识),或更有甚者:对象只是假装地服从物理定律,因为它给予了观察者如此多的快乐。

这是一种荒诞玄学(假想解决方案的科学),它在等待所有的物理学达到其不可接受的极限。

预期他者的欲望,如镜子般反映他的要求,提前加以满足:我们很难想象在这瞬间的诱惑中到底有什么样的欺骗和吸纳、诱捕或转移的力量——一句话,巧妙复仇的力量。同样地,在拟真的捕获系统的地平线上,大众变成了一种模糊不清的现实,就像民意调查或用于粒子的感光板;或者还有,这些自我同一的事件躲在媒体和电视荧屏背后的方法。因为确实如此,像粒子这样的事件在偏转的屏幕之外是不可能存在的——不再有反射屏了,像镜子那样。镜子是主体想象的再生产场所,屏幕(我指的是网络、电路、穿孔带、磁带、拟真模型、所有的记录和调控系统、所有的铭刻表面)恰好是主体消失的场所。有人指出,电视发出的光是内源性的,来自内部,不反映任何东西。所有事情的发生,完全就像屏幕本身一样,是出现在那里的现象的原因和源头,这种"对象"捕获系统,其既有的精密程度的后果如此严重,以至于它摧毁了过程的客观性。

他者、客体,消失在科学的地平线上。事件、意义,消失在媒体的地平线上。

但是,人们可能会看到,消失本身也可以是一种策略——不是信息系统的必然结果,而是一种适应于对象的策略,就此而言,监视器屏幕以某种方式充当了消失的屏幕。

个体或大众通过戏仿消失行为回应了这个阴极记录的表面。他们是什么?他们在这一屏幕背后做些什么?他们使自身进入了一个无法理解和无法辨识的表面,这是一种衰退的方式。他们蚕食自身,他们逐渐融入浅屏,以这样一种方式,他们的真实性,就像物质粒子的真实性一样,从根本上受到怀疑,当然这并不影响对他们的行为进行概率性分析。在"真实"中,在这种认为能够捕获他们的网络和模型的"客体"设防的背后,所有的调查者、分析者、科学家、观察者(以及媒体专家和政治家)都处于活动中,由此产生了一波嘲笑、逆转和戏仿的浪潮,这是一种积极的利用,是客体本身以自身消失的方式所制造的一种戏仿!

媒体使事件、客体、参照消失。但是,也许它们仅仅被用来支持一种消失的策略,这会是客体自身的策略吗?

大众摧毁和销蚀个体。但是也许对于个体来说,他们是在表征梦想已久的消失时机?

媒体没有回应。但也许它们只是大众用来保持沉默的表面?

这可能仍然是一个诱惑的问题,但恰恰相反——不再是媒体颠覆大众,而是大众颠覆媒体,他们的消失策略处于媒体地平线上。

就像在给定条件下观测粒子一样,这样的观测并不允许我们在相同条件下得出有关另一粒子移动的任何结论,因此所发生的一切,似乎只是个体和大众很好地符合了分析模型和民意调查,使它们变得更不确定。民意调查是不确定的:这可以说是它们的魅力所在。它们之所以迷人,是因为它们是屏幕,而在屏幕的背后,客体已经消失,以至于我们不再能够对它的因果存在以及模型的有效结果做出确定的陈述。这导致了对民意调查价值的合理怀疑或建立一种普遍的随意性,即一种自发的"拟真的裁决"、一种怀疑的和缺乏信任的裁决,今天这种裁决已经扩展到一切领域,借助媒体和信息甚至科学传递给我们。我们记录一切,但我们不再相信,因为我们自己已经成了屏幕。谁能要求屏幕相信它所记录的东西呢?我们通过拟真回应拟真;我们自己变成了拟真系统。今天的人们(民意调查就是这样告诉我们的!)甚至不再相信航天飞机。在这里，它不再是一个有关存在和表象的哲学怀疑的问题，而是对真实原则的极度冷漠，这是一个失去了所有幻觉的结果。所有旧的有关知识、概念、场景、镜像的结构都试图制造幻觉，因此它们强调对真实世界的投射。而电子表面无幻觉可言，它们只提供非确定性。

这一点使得过去那种有效的批判和讽刺的判断不再可能。我们过去可以谈论某事，为的是揭露它的修辞性："这只是文学！"凸显它的人为性："这只是戏剧！"戳穿它的神秘性："这只是电影！"但是我们不能为了谴责任何事情去说："这只是电视！"因为已经不存在一个可参照的世界，因为幻觉已死或已被总体化了。总有一天我们会说："这只是电视！这只是信息！"总有一天一切都会改变。

也许，我们将会有更多像《摩羯星一号》[①]那样

---

① 《摩羯星一号》(Capricorn One)的基本情节是：由领队布鲁贝克等三名宇航员驾驶的美国宇宙飞船"摩羯星一号"因质量问题未能起飞。宇航主任凯洛威博士为骗取国会的预算，强迫宇航员参加了一场在摄影棚内模拟飞行、同时进行电视实况转播的骗局。为了骗局不被戳穿，凯洛威博士还决定宣布飞船降落时因事故机毁人亡，企图秘密杀害宇航员。最终，宇航员们在冲出摄影棚后，两人被打死，死里逃生的布鲁贝克出现在追悼会上，揭露了这一事件的真相。

的经历,在那里,一场对美国的声望来说至关重要的火星之旅的展览在最后一刻被阻止了,取而代之的是,将在沙漠中的电视演播室里完整地上演这一幕,通过全世界屏幕实况转播。为什么不呢?拟真不是犯罪。可信度只具有一种特殊的效果,甚至空间,宇宙空间,对于我们来说,只是一个浅显的屏幕。空间效果变为一种特效。

屏幕,无论是电视还是调查,什么都表达不了。认为民意调查能够反映任何事情,就像认为词表征事物、图像表征真实或面孔表征内心感觉一样,是错误的。选举系统仍然可以宣称它是具有代表性的,因为它展示了代表和被代表之间的辩证关系,但事实并非如此。模式与概念不同,不是再现的秩序,而是拟真(虚构、偶然、劝阻和非参照)的秩序,将再现系统的逻辑应用于模式是一种根本性的误解。由此引发了有关它们的价值和"有效利用"的所有误解以及无休止的无益争论(就像一则广告,塞格拉/密特朗:谁带来了社会主义?),荒谬和无解:存在两个异质系统之间的矛盾,它们的假设无法从一个系统转移到另一个系统。针对表征、意志和意见的系统,一种操作、统计、国际性的拟真系统不合逻辑地投射到传统的价值系统之上。这种误解足以结晶为一种有关信息的完整的道德哲学。

无论你如何完善它们,民意调查永远不会代表任何事情,因为它们的游戏规则是再现。它们的逻辑是全然符合客观性,但当过程结束时,不会再有客体,因此,这是一种纯客观。不可思议的嘲弄!这样的真实,对于所有媒体来说都是一样的:当你在拟真中,即,在非真非假中,所有的道德科学完全是虚伪的。一旦风格领域不再涉及美丑之间的对立,而是两者之间的不可区分性和在普遍的诱惑效用中无差异的旋转,那么把民意调查的伦理(或媒体的伦理)说成是时尚的伦理,同样是不可信的,也无迹可寻。

更进一步,即使假设人们可以把民意调查完善到总体可信的程度,并且可以确认信息具有某种真实度,这也将是一场戏剧的开始。关于这一理想的快照,你可以从社会中获得,这相当于免除了我们的戏剧可行性。这种真相意味着社会已经被社会工具所征服。事实上,这正是所有拟真的邪恶目的。灭绝的软技术就是从这里起步的。这就是为什么真正的问题始于有效运作的假设,因为关键之处不在于机器内部真相的扭曲,而在于这种机器的客观可信性对一切真实事物的扭曲。

真相时代,信息何其怡人!真实时代,科学何其怡人!客体时代,客观何其怡人!主体时代,异化何其怡人!不一而足。

因此,我们既不应该相信那些鼓吹媒体使用有效的人,也不应该相信那些抱怨受媒体操控的人,原因很简单,意义系统和拟真系统没有任何共同之处。广告和民意调查根本上很难异化任何人的意愿或意见,原因很简单,因为它们不能在这个形成判断的意愿和表达的时空中运作。出于相同的原因,它们根本不可能阐明任何人的意愿和观点,因为它们与构造政治场景的既有戏剧性又有代表性的意见场景格格不入。所以,我们可以放心,它们不可能破坏这个场景。但是,我们也不要对它们抱有任何幻想:它们没有什么可以教给我们的。

正是这两个系统之间的分裂或阻断,今天使我们集体陷入了一种令人困惑和非确定的状态,这关涉我们自己的选择、主张和判断的意愿。我们永远不会知道一则广告或一次民意测验是否真的影响到任何人的意志,但是我们也永远不会知道,如果没有了广告或民意测验,将会发生什么。媒体(信息)在我们周围编织的屏幕,是一个完全不确定的屏幕。一种总体上新的不确定性——因为它不再是那种因缺乏信息而产生的不确定,而是来自信息本身、来自信息过剩的不确定性。与传统的不确定性不同,传统的不确定性总是可以解决的,而这种不确定性是不可修复的,因此永远不会消除。

民意调查、质询、评估,这就是我们的命运:面对我们的行为被预期所验证,被这种永久的折射所吸纳,我们再也不会面对我们自己的意志或他人的意志。我们甚至不再被异化,因为不再有其他人;另外一个场景,就像社会和政治的场景一样,已经消失了。每个人都被迫进入统计数据的无法分割的连贯性中。无须脱离,要的就是这种非确定性。

民意调查所特有的淫秽,不是来自其对民意秘密或某种亲近的欲望的背叛,也不是来自对某种不可剥夺的私人权利的侵害(如果真有秘密,没有人甚至没有保守秘密的人会背叛它),而是来自统计上的展览癖,来自这个不断偷窥自己的偷窥癖群体。它必须时时刻刻知道自己要什么、想什么,它必须在无数面视频屏幕中看到自己,在一种疑病症的狂躁中解析自己的温度曲线——社会受困于自身,它变成了自己的缺陷、自己的变态。信息过载,令它臃肿难当。

大众也是由这种无用信息的饕餮而造就的,据称此举可以启蒙,但它只是在空间上造成负担,并在沉默的等值交换中自我抵消。

面对大众与信息的互动,人们只能束手无策。这两种现象彼此呼应:大众毫无见解,而信息也未向他们传递见解——此二者继续难以置信地彼此投喂,信息旋转的速度增加了大众的分量,但完全不会提升他们的意识水平。

如果存在一个客观的需求真相、一个客观的舆论真相,那么这一切都将是戏剧性的。如果我们确信在某个地方存在人性和社会本质,它们有自己的价值和意志,那么广告、民意调查、媒体、信息(民主的污染、意识的污染)的影响,这一切都将是戏剧性的。这将会引发一个永久的异化问题。

我们甚至需要走得更远,修正所有与信息论相关的乌托邦。自 21 世纪伊始,事情急转直下。今天,正是信息本身、信息过剩推动我们走上了一条全面内卷的道路。

今天,关于一个事件的知识,仅是这种事件的退化形式。事件能量较低的形式。同样地,关于意见的知识,仅仅是这种意见的退化形式。

当知识通过模式预测事件时,换言之,当事件(或意见)以退化的形式(或拟真的形式)出现时,它的能量被完全吸收到虚空中。

天地万物的总体可预见性,就像科学渴望的可预见性一样,在这一意义上,构造了最极端的宇宙的退化形式。有没有可能,通过一种系统的但无意识的退化,即故意迷失在一个颠倒的用信息拯救世界的乌托邦中(尽管那里似乎也出现了一些良心败坏的迹象),科学和信息的反目的性预先阻止世界的终结?

最大化地集成有关这一宇宙的信息,可能会使世界走向终结。就像上帝的 90 亿个名字的寓言[①]

---

① 阿瑟·C. 克拉克(Arthur C. Clarke)的著名小说《神的九十亿个名字》(*Of Time And Stars: The Worlds of Arthur C. Clarke*),讲述了一个有关获取神的真名的故事:一位僧侣向瓦格纳博士提出了一个奇怪的请求,他需要雇佣两名工程师,将一台自动序列计算机运送到圣地香格里拉。工程师们不远万里来到高山之巅的寺庙中,确保计算机不出故障地日夜运作。三个月之后,计算机将打印出 90 亿种不同的字母排列,里面隐藏着至高之神真正的名字。一旦名录完成,真正的神便会降临世间。

一样：由于计算机的存在，当我们能够穷尽所有这些名字时，世界将不复存在，而群星也将熄灭。

信息将是终结宇宙的唯一途径，世界永远不会自行消亡。

但是，或许还有另一种更加有趣的观看事物的方式，并且最终用反讽理论来替代永恒的批判理论。

事实上，如果你考虑到民意调查的非决定性，它们的结果是非确定性的，接近于占卜气象学，如果你考虑到他们想说什么就说什么，大家都了解这一点，那么就不要相信它们具有同时证实矛盾倾向性的能力，对它们什么都不做（但总是要求它们做得更多），或者，当结果不可接受时，虔诚地伪造它们的客观性（比如有关死刑和移民的民意调查），但尤其是我们反对它们的永久否定，即使特别是如果它们"验证"了我们的行为——没有人接受被"验证"，也没有人与他的概率相一致，并且也没有人能够生活在他的预期所是的图像中，也没有人能够生活在他的统计真相的离谱的镜像中。（一个在应用过程中顽固地拒绝统计概率的例子："兴许以下事实能让你更有安全感：巴黎地铁运输机构已经计算过,50人乘坐地铁,一天两次,持续60年,其中只有1个人会遭到袭击。没理由会是你!")就像赌徒一样,不相信机会,只相信运气(是恩典,不是概率),同样地,没有人会向命运屈服;这就是为什么没有人相信统计数字。

无论如何,统计数字的伟大不在于它们的客观性,而在于它们不由自主的幽默。

这就是一个人不得不采取的接受事物的方式,以事物的幽默。民意调查对待社会和社会现象的基本的随意性,与他们在阅读和应用中类似的随意性相吻合。针对他们宣称的要严肃对待社会,幽默通过辛辣地讽刺他们的失败和所有那些即兴的扭曲,给出一个答复。幽默的天意见证了这个运行过于顺利的机器的脱轨,并使自己陷入了客观的镜像。一种绝对的武器从这个社会的深处浮现(?),一种激进的掩饰的武器,以对付民意调查和统计数据所呈现的拟真的回应。这就是人们可能称为客体的恶灵,大众的恶灵,永远挡住了社会和社会分析的真相。

客体从来都不是无辜的,它存在,它复仇。有关社会"事件"的信息的可见光线的被削弱的折射,既不是事故,也不是系统的不完善,它来自客体的精灵,来自社会对其调查的攻击性抵抗,并且在民意调查专家和被调查者、大众和政治阶层等之间,采用了一种神秘的决斗形式。在这场决斗中,所有的天真都来自操控者的一边,对于他们来说,可以假设人们在任何情况下都能够强制对象为自己的利益而传递真相。如果不理解这一问题,如果回答得不够恰当,如果回答得太过完美,如果它自问自答,表明这只是一种分析装置失调的形式。科学,通过一些奇妙的失常,总是相信自己能够确保客体的共谋。它低估了客体的邪恶、嘲笑、冷漠,虚假的共谋,任何可能使这一过程反讽化的东西,任何可能助长客体的原初策略的东西,在反对主体的策略中甚至可能走向胜利。

如果你明白这个意义上的民意调查,你会发现它们获得了与它们所宣称的目标完全相反的效果。它们是一种信息的奇观(信息就像革命一样:人们只关心它的奇观),因此,它们是一种对信息和政治阶层的嘲弄。

民意调查的不由自主的幽默(以及我们在这种"科学的"千变万化的风景中获得的诡秘的快乐)来自这样一个事实,即它们抹去了所有的政治可信度。

谁是那些需要民意调查以便做出决定的人,对于他们来说,调查取代策略？他们被剥夺了任何的主动性,陷入了他们赋予媒体以权力的陷阱。所有的媒体都掩盖了这一令人眩晕的陷阱:它们消除了社会的政治功能,从而满足了大众的反讽无意识,大众的深层本能仍然是政治阶层的象征性谋杀。

人民一直是代议制的托词,他们通过让自己置身于政治舞台的奇观来进行自我补偿。今天,他们通过自身消失的奇观来实施复仇。我们认为我们在对其进行民意调查,而他们却日复一日地在阅读民意调查中享受着有关自身意见波动的家庭录影带。

只有在这一意义上,人们相信民意调查,我们所有人都相信民意调查是一种预测恶的结果的游戏,是一种游戏桌上赌双倍或什么也不赌的游戏。这是一种在所有的倾向、真相的效果以及问答的循环之间结局相同的游戏。也许我们会借此发明一种反讽存在的集体形式,在这种超级的智慧里,它不再质疑自身存在的理由,唯一可以接受的是在消失的奇观中捕获自身。

这方面最好的例子是大众。他们根本不是压迫和操控的对象。大众不必被解放，在任何情况下，他们都不可能被解放。他们的所有（超政治的）力量都在于作为纯粹客体而存在，即，以他们的沉默和他们欲望的缺席来抵制任何使他们开口说话的政治期待。每个人都试图诱惑、招揽、投资他们。无调性、一盘散沙、糟糕透顶，他们实施了一种被动的不透明的自治；他们很狡猾，什么也不说，也许像动物一样表现出他们残忍的冷漠（尽管大众"基本上"是荷尔蒙性的或内分泌性的，即，是抗体性的），他们使得整个的政治场景和话语中性化了。如果这些今天看起来是如此空洞，如果没有赌注，那么没有任何方案还能够动员一种政治场景继续致力于人造戏剧和无用力量的影响，这是由于这种巨大的沉默抗体的深度淫秽和不可名状之"物"的可变性，此"物"拥有科幻小说中巨怪那种荒谬的吸噬性的兽性力量：它实际上是用系统分泌的无数信息供养它的惰性，试图驱逐这种惰性和缺场。

无计可施。大众是纯粹客体，已经消失在主体的地平线上，而主体则已消失在历史的地平线上——就像沉默这一纯粹客体已经消失在词语的地平线上；而秘密这一纯粹客体已经消失在意义的地平线上。

大众-客体的惊人的力量。大众化身为政治的纯粹客体，即，是绝对力量之理想，是社会肌体死亡的力量，他们是力量的恐怖梦想的化身——与此同时，他们是政治的空洞的对象、无效的物化、激进的抗体，所有的政治主体都无法接近，因此既百无一用，又特别危险。政治局面已经发生逆转：不再是权力带动大众，而是大众把权力拖垮。同样，兴致勃勃地去诱惑大众的政治人物，最好扪心自问：他们是否不会反过来被蚕食？他们是否不会像交配后被女性吞噬的男性一样，为自己的权力幻象买单？

任何曾被主体构造为对象之物，对主体来说都是一种虚拟的死亡威胁。就像奴隶不再接受他的劳役一样，客体也不再接受强迫的目的。主体只能获得对它的想象性掌控，无论如何都是短暂的，但都将无法逃脱客体的这种反抗——一场无声的革命，却是今天仅存的革命。

这场革命不是象征性的、令人目眩的和主体性的，而是晦暗不明的和反讽的。它不会是辩证的，而是致命的。针对每一个被剥离了意义的客体的诱惑，针对任何客体都会成为诱惑和死亡的对象的可能性,任何策略都是可行的。

所有的信息、无休止的媒体活动、资讯包围的大众,都只是为了清除这种致命的污染。信息的、"媒体化的"、交流的能量今天被不断地消耗,都只是为了从麻木和冷漠的抗体中、从吸引力变得越来越大的沉默的大众中,催生哪怕一点点意义、一点点生命力。我们需要凝聚所有的离心力来摆脱这种惰性力。从现在起,信息拥有的只能是这样一种意义。

主体哲学的传统范畴:意志、表征、选择、解放、知识和欲望,借此理解媒体和信息领域,存在和总是存在一个主要的困难。因为很明显,它们是绝对矛盾的,主体的统治总体上是被异化的。在信息领域与一直支配我们的道德戒律之间有一个基本的矛盾,那就是,你应该知道你的意志和欲望。这样看来,无论是媒体还是技术和科学,它们都没有教会我们任何东西;相反,它们回到意志和表征的界限,重新洗牌,并从每一个主体那里获得了他自身的气质、欲望,以及他的自我选择和自由。

但是,对于如何利用假想的大众来说,这种异化的观念不过是一种理想的哲学观点。它只表达了一种哲学家自身的异化,即,哲学家认为自己异化为他者。关于启蒙主义者,关于启蒙主义哲学家所指责的"错误的统治"以及对它的嘲笑,黑格尔做出了非常明确的判断。

它足以扭转这种想法——大众被媒体所异化——对整个的媒体世界,甚至可能是整个的技术世界的格外欣赏,源于一种被认为是被异化的大众的秘密策略,源于一种否定的意志的秘密形式、一种哲学和道德要求于主体的所有非自觉的挑战,即,对意志、知识或自由的任何实践的挑战。

这将不再是一个革命的问题,而是一次大规模的权力下放的问题,一个将权力和责任大规模下放给政治和知识体系或技术和操作体系的问题。意志的大规模丧失和退出。不是通过异化或自愿奴役的方式(鉴于主体认同他的自我奴役,放弃他的自我存在,一旦这样的问题被提出来,自波爱修斯[①]始,神秘性就始终完整地保留着,但是他真正拥有这一切吗?),而是通过另一种非自愿、"非意志"统

[①] 波爱修斯(Boethius),古罗马晚期的政治家、哲学家,著有《哲学的慰藉》。其哲学被认为和柏拉图、普罗提诺、伪丢尼修、奥古斯丁哲学一样,具有神秘主义和禁欲主义的传统。

治哲学的方式，通过一种反形而上学，它的秘密就在于大众（或人）确切地知道他们不需要对他们自身或者世界做出判断，他们不必期待、了解或欲望。也许，最大的愿望就是把一个人的欲望传递给另一个人。这是让他们"自身"的欲望幻灭的策略，这是他们自我意志幻灭的策略，一种反讽的投资策略，一种针对其他的哲学、道德和政治的禁令的策略。

这就是专业人士在那里的目的，概念和欲望的占有者与帮手。所有的广告和信息、整个政治阶层都在那儿告诉我们，什么是我们想要的东西，告诉大众他们想要什么——基本上，我们假设了愉快地承担起这种大规模的责任转移，因为它确实既不明显，也没有很大兴趣去了解、期待、拥有能力和欲望。除了哲学家，谁把这些强加给我们？

选择是一种卑鄙的责任。任何赋予人行使意志的哲学只能使他陷入绝望。因为，对意识来说，没有什么比知道它想要什么更让人高兴的了；对另一种意识（潜意识？）来说，没有什么比不知道想要什么更具诱惑性的了。这另一种模糊且重要的意识使快乐依赖于意志的绝望，同时，放弃选择，偏离它自己的目的意志。屈从于某种无关紧要的奇想，比悬置你自身的意志或选择的必要更有意义。布鲁梅尔①有一个专门应付此事的男仆。在由星罗棋布的湖泊构成的一片壮阔景观面前,他转向贴身男仆问道:"我更喜欢哪一个湖?"

人们不仅肯定不想被告知他们想要什么,而且甚至不想了解这一点,甚至无法确定他们到底想不想要。面对这样一种吁求,是恶灵在他们耳边不断地低语,让广告和信息系统来"劝说"他们,为他们做出选择(或者让政治家去做,使事情变得更好),正如布鲁梅尔和他的仆人……那么,谁正在掉进陷阱?

大众明白,他们一无所知,他们缺乏了解的欲望。大众知道他们无权无势,他们不想拥有权力。我们强烈地谴责他们这种种愚蠢和被动的迹象,但他们并非如此:大众非常势利,他们就像布鲁梅尔一样行事,完全把选择权转交别人,身处一种不负责任的、反讽挑战的、意志力极其匮乏的或秘密诡计的游戏中。所有调停人(政治家、知识分子、那些轻视大众的启蒙哲学家的继承人)基本上只能起到

----

① 布鲁梅尔是由哈里·博蒙特导演的在 1924 年上映的美国电影《博·布鲁梅尔》(*Beau Brummel*)的主人公。

这样的作用：通过授权，通过代理，管理这一权力和意志的乏味事务，使大众脱离超验以获得更大的快乐，并且用奇观来回馈他们。一种间接感受，这让人想起凡勃伦①的概念，这些"特权"阶层身份，他们的意志会在没有意识到的情况下，转向他们所鄙视的大众的秘密结局。

我们主观地生活在一种悖论模式里，因为大众与那些聪明而意欲指责和嘲弄他们的人共存于我们中间。没有人知道意识的真正对立物是什么——除非精神分析强加给我们这种压抑的无意识。但是，也许我们真正的无意识就存在于这种反讽的力量中，这是一种退缩的力量，它无欲、无知、沉默，它吸纳并放逐所有力量、所有意志、所有启蒙和意义的深度，因为我们的坚持而沐浴在可笑的光环之下。我们的无意识不可能是由那些誓要面对压抑的悲惨命运的欲望所构成的。它甚至可能根本没有被压抑。相反，它将由快乐地驱逐了存在和意志的所有阻碍性上层建筑之后的剩余物所构成。

我们过去一直拥有一种可悲的（被异化的）大

---

① 托斯丹·邦德·凡勃伦（Thorstein B. Veblen, 1857—1929），美国经济学家、制度经济学的鼻祖。其代表作是《有闲阶级论》。

众视域、一种可悲的(被压抑的)无意识视域。在我们的整个哲学中,存在着这些可悲的关联性的巨大负担。如果只是为了改变,那么就把大众、客体大众视为拥有欺骗、虚幻、暗示的策略,以此对应那种最终具有反讽、欢愉和诱惑的无意识。

激情的恶灵

关于爱,你大可畅所欲言,但你却不知该说什么。爱存在,仅此而已。你爱母亲、上帝、自然、女人、小鸟和花朵:这个词变成了我们深刻的情感文化的主题词,变成了我们语言中最强烈的情感表达的主题词,但也是一个最冗长、含混和费解的主题词。与处于结晶状态的诱惑相比,爱是液态的,甚至是气态的。一切都溶入爱,被爱所溶,一切都溶化为激情的和谐或非婚关系的力比多。爱是一种普遍的答案、一种理想的快乐期待、一种关系融洽的虚拟世界。恨导致分离,爱促成结合。爱欲是约束、配对、成双,助长结合、转移、认同。"相爱吧。"谁曾说过"彼此诱惑"?

我更喜欢诱惑的形式,它保持着一种神秘决斗的假说、一种暴力恳求或吸引的假说,这不是一种反应的形式,而是一种挑战的形式、一种打破常规的秘密距离和持久对抗的形式——我更喜欢这种形式和它的距离的悲怆,而不是爱的形式及它的悲怆的和解。我更喜欢诱惑的成双形式,而不是爱的普遍形式(赫拉克利特:它是原子、存在和神之间的对立,包含生成的游戏,而不是一种普遍的溶解或一种多情的融合——在这里,神彼此冒犯和诱惑,而爱,当它作为创造的原则与基督教相伴时,将结束这场伟大的游戏)。

说诱惑是可能的,因为它是一种成双的和可理解的形式,而爱不过是一种普遍的和不可理解的形式。甚至只有诱惑才是一种真正的形式,而爱只是一种人类堕落为个体的弥漫性隐喻、一种宇宙能量的补偿性发明,它将使这些存在走向彼此。凭借何种天意的影响,凭借何种意志的神奇,凭借何种剧场的效果,人注定会彼此相爱;凭借何种离奇的想象,人们意识到"我爱你",人们彼此相爱,我们爱彼此吗? 在这里,我们面临的是吸引和平衡的普遍原则的最疯狂的筹划,纯粹的幻影。主体的幻影,典型的现代激情。

没有游戏和规则的地方，律令和影响必须被发明出来，一种普遍的释放模式，一种克服灵魂和肉体分离的拯救形式，一种终结仇恨、预言、歧视、命运的拯救形式：这是我们多愁善感的福音，它结束了作为命运的诱惑。

把爱提升到神权的最高层次，提升到普遍完满的伦理形式（爱还处处为幸福做道德辩护），这种提升把诱惑投入了一个含混而不道德的反常区域，一种为爱做准备的形式。爱保持着唯一的严肃和庄重的结局，保持着对一个不可能世界的唯一可能的宽恕。无论赋予诱惑什么样其他的尊贵头衔，任何对诱惑的关注都将与爱的升华和理想化的机制相冲突。这就是爱。

诱惑与情感无关，而与表象的脆弱有关；它没有模式，也不寻求任何形式的拯救——因此，它是不道德的。它不遵守交换的道德，它是建立在契约、挑战和联合的基础上的。它不是一种普遍的和自然的形式，而是人为的和首创的。因此坦率地说，它是有悖常理的。

术语的游戏使事情变得更加复杂。诱惑和爱都不是准确的概念（它们在伟大的概念系统中没有位置，在精神分析中也没有），它们可以轻易地被转换或被混淆。所以，如果人们把诱惑作为一种挑战、一种赌注从未减少的游戏、一种不间断的仪式化交换、一种赌注的无限制加码、一种秘密的共谋等，人们总是可以回答："但是如此定义的话，诱惑不就是单纯的爱吗？"

我们甚至可以颠倒这种关系，使爱比诱惑更具决定性、更具挑战性。只要你自恋地想一想，比如说我爱一个人，因为这个人像我，所以我复制自我——我爱一个人，因为他是我的对立面，所以我完成自我，爱就是"完美"。然而，人们可以把爱想象成无偿的，想象成对一个人不求回报的爱，想象成激发一个人爱我胜过我爱他的挑战，因此爱是一个永远更高的出价，而人们也可以把诱惑作为最后的游戏，作为一个人试图操控另一个人达到自我目的的战术。

对于这样的术语转义，不可能有任何非议。诱惑和爱可以彼此交换它们的既崇高又庸俗的意涵，这使得谈论它们几乎不再可能。更有甚者，今天的我们陷入了爱的话语的复活，一种被无聊与饱和重新激活的情感。爱的拟真效果。疯狂之爱，激情之爱，像英雄和崇高的赴死行为。今天，生死攸关的是对爱、情感、激情的需求,而此时此刻对爱的需求被残酷地感受到了。整整一代人经历了欲望和快乐的解放,整整一代人厌倦了性,他们重新把爱发明为情感或激情的补偿。其他几代人,不管是浪漫的还是后浪漫的,都活在把爱作为激情和命运的观念当中。我们自己只是一种新浪漫。

在如此的性退潮之后,我们拥有了性爱关系的新悲情。在力比多和本能之后,激情的新浪漫主义出现了,但这不再是一个宿命或致命的问题,而仅仅是一个释放人的潜能的问题。在经历了漫长的"压抑的去升华"阶段之后,正如马尔库塞所说,这一切为渐进的再升华扫清了道路。

性——像生产关系一样——非常简单明了。超越马克思和弗洛伊德,永远不会太晚。

那么,有一种爱,它仅仅是性文化的泡沫,我们不应该对这种新装置的氛围抱有太多的幻想。拟真的形式可以通过以下事实加以识别,即没有任何东西使它们彼此分离;在精神分析的护佑下,性、爱、诱惑、变态、色情,这一切都可以共存于同一个性欲带上,没有排他性。一首立体声的协奏曲:一首以完全相同的方式将爱、激情、诱惑添加到性中的协奏曲,与将心理社会学以及"团队合作"添加到流水线上如出一辙。

这种情况颇为有趣,是整个淫秽的性爱星座枯竭的症状(淫秽不是因为性本身,而是因为当它被说出和被暴露时产生真相)。我们已经来到了作为真相的性循环的尽头。这再次使回归形式成为可能,它的外观和魅力发现自身被霸权的性观念所掩盖。

再次找到一种区别,所有这些修辞的等级——诱惑、爱、激情、欲望、性——无疑是一种荒谬的赌注,但这是我们剩下的唯一赌注。

在我们的文化中,诱惑经历了一个黄金时期,从文艺复兴一直延续到18世纪:它那时——就像礼节或宫廷仪式一样——是一种传统的贵族形式,是一种与爱没有任何特别关系的策略游戏。对于我们来说,后者所拥有的调性是独特的、隐秘的、浪漫的和罗马风格的:不再是一种游戏或仪式,而是一种激情、一种话语。让你神魂颠倒的是欲望的力量,它向你发出的是死亡召唤。与诱惑无关。当然,在13世纪的地中海文化中,爱就知道了什么是宫廷形式。但是它对我们的意义基本上是到18世纪末和19世纪初才形成的,与肤浅的诱惑游戏相反。在一种策略上幻想的成双的游戏形式和一种新的个人欲望实现的终结之间发生断裂,其伟大的降临是那种个体的、无论是性的还是心理的欲望星群,或大众的政治欲望。无论这种欲望和它的"解放"是什么情形,它都不再与贵族的挑战游戏和诱惑有任何关系。

还有一点:诱惑属于异教,爱属于基督教。是基督开启了爱和被爱。宗教变成了情感、受难和爱,这些都不是远古和古代神话所关注的东西:对它们来说,世界的统治在于规范的符号和表象的游戏,在于变形的仪式,因此在于典型的诱惑行为。这里的一切没有情感,没有爱,没有伟大的神圣或自然的变迁,也没有主体内在的心理需要,这种主体的内在性是爱的神话开花结果之处①。唯有仪式存在,仪式属于诱惑的王国。爱源于仪式形式的破坏,源于它们的解放。爱的能量是瓦解这些形式的能量,包括诱惑世界的魔法仪式(在基督教的异端

---

① 但是,如果你在基督教的意义上使用诱惑,那么一切都会发生改变:诱惑开启基督教;恶魔般的诅咒打碎了神圣的秩序——或者是基督本人,在尼采眼里,基督要去勾引人们成为他自己的人,要去用心理和爱使其堕落? 相反,在希腊没有诱惑,那里的爱是同性之爱和可教育之爱——一种美德,而不是一种激情。——原注

中延续，在摩尼教的或革命的对真实世界的否定形式中延续)。这种残酷的、严格的符号形式，以其纯功能性，反对世界的真实，这是一种纯表象的主宰，没有心理，没有情感，也没有爱。这些文化的最大强度——爱和它的整个救赎的形而上学似乎凭借拆解由此产生——是一种形式的迸发，直到那时，它们是秘密的、初始的、自我嫉妒的、聚集的，而爱是一种使其归附的能量，具有辐射性和扩展性——具有开放性，仪式是秘传性的。爱是表露、热度、允诺、传递，也因此是一种从潜在、聚集的状态向释放、辐射、热质的状态的能量转移，也因此是一种流行和退化。因此，这将是一种大众的和民主的宗教的发酵，而不是受规则支配的等级和贵族的秩序。

爱终结规则，开启律令。这是一个失序的开始，在这里，事物将根据感觉、情感的投入来秩序化，即，根据物质的质量、意义的分量，而不再根据符号的游戏——一种更轻的物质，更具可塑性，更为表面化。上帝要去爱他自己，这是他之前从未做过的，这个世界将不再是一场游戏。我们继承了这一切——爱仅仅是规则瓦解的效应，仅仅是这一融合所释放的能量的效应。而与爱相对的形式是谨守，无论在哪里重新发明规则和游戏，爱都会消失。

与游戏或仪式的规则和高度惯例化的强度相比,爱是一种自由播散的能量系统。因此,它被控告为整个解放和自由播散的意识形态,这是现代性的悲情。

像爱一样的普遍的激情,其独特性在于它的个体性。每个人都会发现自己在其中形单影只。诱惑是成双的:如果我已经不被诱惑,我无法去诱惑;如果他已经不被诱惑,没有人能够诱惑我。没有人能够玩缺少另一半的游戏——这是一项基本的规则——而我可以在没有爱的回馈中去爱。我可以在没有被爱中去爱,那是我的问题。如果我不爱你,那是你的问题。如果某人不喜欢我,那是他的问题。这就是为什么嫉妒就像爱的一个自然维度,而它与诱惑毫不相干——感情的纽带从来都不是绝对确定的,相反,符号的契约没有模糊性,也没有魅力。更进一步,诱惑一个人不是投资他,也不是在心理上吸引他;诱惑并不理解在爱的名义下归属的嫉妒。

我不是说爱只是一种嫉妒,而是说某种温和的嫉妒总是掺杂其中,这是一种主体的排他性的要求。也许它甚至先于爱:原初的激情,就像希腊众神一样,他们既不知道爱,也不知道多情,但是已经引发了彼此之间强烈的嫉妒。

爱一个人是使他与世界彻底分离,清除他的一切痕迹,剥夺他的影子,把他拖入残忍的未来。就像一颗死亡的星星围绕对方旋转,把它吸入黑光。一切赌注都押在对人类的排外性的过高要求上,不管他是谁。这无疑会使爱成为激情:激情的对象被内在化为理想的目的,我们知道唯一的理想对象就是死亡的对象。

与诱惑相比,爱是一种更为松散的形式,是一种更深远的解决方案,甚至是一种解体的方式。但它是可悲的解体,至少是以更高的形式,比如那些创作小说的形式。这种可悲的解脱将在后来的突变中消失,这只是性的解脱。后者仅仅是一种以两性之间"客观的"差异为基础构成的关系形式。诱惑仍然是仪式性的,爱是哀婉的,但性只是一种关系。从一种形式到另一种形式,符号的利害关系被消除,取而代之的是有机的、充满活力的和经济的功能,它们建立在最小可能的差异之上,即性的差异之上。

实际上,把性的差异视为原初的差异、视为所有其他的差异的源头,这是一种神秘化、一种隐喻。这是为了忘记自古以来人们通过人造系统而不是身体和生物的系统生产的更大的差异。至少他们从未想过把"自然"差异视为一个人造差异的典型例子。字面上,纯粹的性的差异无关利害。(阴和阳是另一回事:这是形而上学的两极,它们之间存在着构造世界的张力。)在特定的文化中,武士/非武士、僧侣阶级/非僧侣阶级的差异,意味着许多超出性的差异的东西:他们生产更多差异的能量,他们把事物组织得更加严格和更加复杂。在除了我们自身之外的所有文化中,生和死、高尚和非高尚、有创见和无创见之间的区分,比性之间的区分,重要得多。事实上,性所发出的信号带有自身的生物学和自负的证据,是最弱的也是最不幸的差异,是在所有其他的差异消失之后留下的差异。

任何差异的自然原则必然是较弱的,而且根本不可能支持——就像强大的人造符号所提供的支持——一种缜密的布置、一种世界的仪式。

诱惑属于两性之间审美和仪式的差异的时代。

爱(激情)属于道德和情感的性的差异的时代。

性属于两性之间心理、生物和政治的差异的时代。

这就是为什么诱惑比爱更容易被理解,因为它处于更高的形式层面,一种成双的形式、一种完美的差异的形式。在所有的差异形式中,性的差异是最无关紧要的。至于爱,人们发现它总是在人物的光谱展示中占据一个中介性位置:从诱惑的界限到性的边界,它描述了一个从纯粹的差异形式到同样纯粹的冷漠形式的世界——但它并不拥有自己的形式,就这一点而言,它是难以描述的。它不是那种神秘诱惑中的成双的形式,而是主体的个人形象,由他自己的欲望或对他自身形象的寻找所获得。

命运以惊人的不可反驳性被强加在我们之上:但这是需要加以解释的非命运。这也是我们真正能够做到的:使其合理化。因为某种程度上,爱极度平庸,无话可说。

诱惑并不神秘,而是一个谜。就像秘密一样,这个谜不是不能猜解的。

相反,它完全是可以理解的,但是它无法被表达或被呈现。这样一种诱惑:证据无从解释。这样一种游戏。在任何游戏的核心都有一个基本的秘密规则,一个谜;然而整个过程并不神秘,没有什么比正在进行的游戏更容易理解的了。

爱本身充满了所有的世界神秘,但它不是谜。

相反,它负有重大的意义,是一种秩序的存在,不是谜,而是有关谜的答案。"谜的关键是爱",或更加直截了当,"性是一切的基础"。(神奇的真相,呈现于20世纪,但是为什么呢？一个字也不要相信:这个谜始终是完整的,保留了它的所有诱惑力。)

从一个人到另一个人,从诱惑到爱,到欲望、性,最终到纯粹而单一的色情,你走得越远,你距离破解秘密、揭开谜底就越近,走向公开、表达、披露、被压抑者的解放;一句话,你越接近真相,在我们文化的淫秽中,它很快就变成了强制性的有关真相的声明、被迫的忏悔、施惠的启示……此外,还会有什么呢？是的,一无所有。没有任何东西可以呈现。

揭开秘密、暴露赤裸的实体、触碰极端的淫秽,这种疯狂的想法到底来自何处？这本身就是一个乌托邦。不存在真实,从来就没有过真实。诱惑了解这一点,保留它的谜。所有的其他形式,尤其是爱的形式,都是饶舌的和冗长的。它们说得太多,它们想要说的太多。爱说了一大堆,成为一种话语。它表白自己,并经常在它结束表白时达到高潮。高度暧昧的语言行为,近乎不雅;这些事情是不予言说的;你怎么能对一个人说"我爱你"？它们看上去太脆弱,以至于无法用清晰的语言表达出来，除非这是它们真正拥有的唯一生命，在这种情况下，它们根本不再是秘密。这些东西，仅活在它们的沉默中，或活在它们的否定中："我根本不爱你。"或者甚至"我不想再见到你"。这些句子仍然充满诱惑的挑战和悬念，爱的迫近，但是通过否定的优雅、游戏的品质、轻巧的引诱，它们还一直存在着。

令人高兴的是，无论如何，"我爱你"并不意味它所说的，它应该被理解为其他的意思——在诱惑的氛围中（所有的动词都拥有一个秘密的氛围，除了指示性和祈使性，它还有诱惑性）。诱惑是所有话语的一种模式，包括爱的话语（至少，让我们希望如此）。这意味着它在玩启蒙的游戏，用一种不同于陈述的方式去影响别人。至于"我爱你"，不是要告诉你有人爱你，而是有人诱惑你，不是这样吗？这是一个左右摇摆的命题，因此，它保留了表象难解的魅力，保留了无意义的也因此无法相信的魅力。相信"我爱你"会结束一切，包括爱，因为它会给无意义的东西赋予意义。

当含混依然控制着话语时，这是最好的情况。至于性的要求，不再有一丝暧昧。一切都是有意的，一切都是要说出来的，没有秘密要求，一切都在表达中。如果欲望真的被表白,那么听到表白的词语就足够了,表象的戏码是无用的。同样,"我爱你"会有另外一个意思。它不再是诱惑,它只不过是一种绝望的祈愿:"我要求爱你。""我要求你爱我。"

我们可能赞同拉康的观点:不存在性和谐,性没有真相。要么"我爱你"和"我渴望你"完全意味着别的东西——诱惑——要么它们意味着对欲望之爱的要求,而从不是爱或性本身。正如拉康所说的,总有一个错过的约会,而性就是这个错过了见面的故事。但这并不是最后的话,因为更微妙的诱惑螺旋描述的不是历史,而是错过的相遇的游戏,还有它知道的如何从自然赋予两性的迷人和荒谬的差异中吸取其他的快乐。

也因此,挑战和诱惑终结于关切。诱惑我,爱我,让我来,关注我。这种独有的和强迫的特质,可能一直延续到几乎是胎儿对爱的要求(胎儿的策略)。

在过去的两三个世纪里,通过母爱和源于母爱的多愁善感,我们的文化中始终存在一种对所有爱的形式(包括自然之爱)的过度决定论。只有诱惑能够逃避这一点,因为它不是需求,而是挑战;它反对这种过度决定论,就像用决斗来对抗融合一样。

这种(母性的)爱只不过是一种漂浮的力比多,

随处发泄，并且拼命地试图投资环境，根据节约的原则，它不再是激情的系统，而是强度的子系统——冷酷和非激情。生态力比多，我们时代的一种特殊的产品，以顺势疗法和自我平衡的剂量分布在各处，是一种足以刺激社会和心理需求的最小的差异性影响。漂浮，它可以被耗尽、转移、吸引，在这种流动中从一个生态到另一个生态。它理想地对应于一种操控的秩序。

所以，诱惑的溶解能量进入了充满情感的爱的秩序，并以需求的偶然秩序结束。

幸运的是，有一个事与愿违的结果，纠正了我刚才说过的关于需求的所有问题。因为以设定情境用语的方式来回应——以它假装被设定的方式——人们冒着被误解的危险。也许，它只是一种恳求——处于严重的歇斯底里状态——被否定，遭拒绝，使失望，去寻找事情并非如此发生的答案。就像任何其他话语的提出都是为了被否认和被色情化一样，这一需求实际上也可能只是在玩弄欲望的表白，对他人关怀的呼唤，为的是给他设下陷阱，勾引他，诱惑他。

客体及其命运

客体的霸权

"唯主体欲求;唯客体诱惑。"

我们已习惯了主体的显赫与物的困顿。是主体在写就历史,是主体在整合世界。全部形而上学的旨归是世界主体——个别的或是集团的,有意识的或是无意识的;而客体仅仅是主体性的康庄大道上一个微不足道的迂回。

据我所知,客体的命运还从未得到过伸张。我们甚至不能仅仅把客体理解为主体被异化、被诅咒的部分,事实上,客体是羞耻、猥亵、消极和堕落的,是邪恶的化身,或者说纯粹的异化。一个奴隶,其唯一的荣耀是进入主奴辩证逻辑当中,在那里才能看到新福音的曙光,才能得到反客为主的允诺。

谁注意过客体那独特而至高无上的潜能的先兆呢?在我们的欲望哲学里,总是由主体发出欲求,因而主体总是拥有绝对的特权。然而,如果我们从诱惑的角度来看,那么一切就都颠倒过来了——不再是主体来欲求,而是由客体来引诱。一切都由客体出发并回归于它,正如一切都始于诱惑而非欲望。主体古老的特权被推翻了。因为主体过于脆弱并且只能发出欲望,而客体,即使在欲望缺席的情况下仍然十分自如。客体的诱惑通过欲望的缺席而发生,它可以仅仅借由欲望的效果来发挥作用,它激发或解除、鼓动或欺哄欲望,而这正是我们打算忘记(或宁愿忘记)的那种力量。

主体为什么被赋予特权?为什么主体出于意志、意识乃至无意识的虚构能够得到支持?这是因为主体的经济和历史都表明,主体是意志与世界、本能与客体之间的某种均衡,主体是宇宙的平衡原则。因而,主体既没有被交给多元、荒谬而迷人的世界,那个突如其来的残暴、偶然的诱惑世界;也不是周遭形式的受害者或牺牲品,活的或死的;更不曾历经无尽的诱惑。我们始终保护着主体:主体从一开始就带着本能、欲望和意志而来,在主体的疆域里,主体不可思议地不再是任何事物的对象。

对主体的质疑无法改变其作为形而上前提的卓越地位。主体被要求表现自身的缺陷、脆弱、阴柔和死亡,被要求放弃其作为主体的地位(不仅仅是心理意义上的主体,还有权力和知识的主体),到最后主体只会发现自己被困在一幕关于其消失的情节剧里。主体过度隐退,在自身根基上摇摇欲坠,试图向其客体——这个认为自己已经强大到足以对其优势运用自如的世界,谋求一个君子之约。从今天所有关于主体"解放"的狂想来看,这种尝试导致的是混乱。而主体(形而上主体)的魅力恰恰在其尊荣,在其反复无常,在其无穷的权欲,在其作为权力主体及历史主体的超越性,在其异化的戏剧性。一旦抛开这些,主体现在便只不过是一具可悲的残骸,沉沦于其自身欲望或形象的冲突当中,再也无法连贯地表象这个世界。而当历史的死尸尝试重生之时,主体便成了毫无意义的祭品。

主体无法正确地利用自身的脆弱性或死亡,原因很简单,因为它之被创生就是为了严格地防范这类东西,当然,其中也包括诱惑。正是这一切导致了主体的沉沦。从主体自身经济学的角度来看,这里存在着难以解决的矛盾。因而,主体今天的地位就变得不甚牢靠了。眼下没有人能够再被设定为权力、知识或历史的主体,当然,也没人试图这么做。没人设定这样一个不可通约的角色,在嘲弄这个充斥着布尔乔亚心理学的世界方面,该角色正日渐无能为力,而与此同时,主体性发现自己很容易就被抹杀为透明和漠然。我们正在经历这种主体性的动荡,而我们并未停止制造新的主体性,但这甚至已经不再有趣——异化问题已经崩塌,而欲望的可靠性则成了神话。

如此一来,我们就面临一个悖论:主体的立场已不再稳固,而唯一可能的立场就是客体的立场。唯一可能的策略是客体的策略。应当注意的是,此处我们所说的"客体",并非在反异化进程中被异化了的客体,也不是那些声称自己与主体一样拥有自主权的被奴役的客体;而是那些挑战主体并将主体推回不可能立场上去的客体。

策略的奥秘就在于:客体不信任其自身的欲望,客体不依赖其自身欲望的幻影——客体没有欲望。客体不会将属于它的任何东西视为私产,也不对占有或自主抱有幻想。它不会试图扎根于某种适合的天性(甚至不是欲望的天性),而同时它与相异性无关,并且它是浑然一体、不可分割的。客体从不自我分裂——那是主体的宿命——客体也从不知道在镜像阶段它有可能被自己的虚像俘获。

是镜子。正是镜子令主体回归其致命的透明。如果说镜子引诱或迷惑了主体,那是因为镜子自身不具备本质或意义。只有纯粹的客体才是最高统治者,因为它破除了他者的统治并将他者困囿于其自身的陷阱当中。水晶复仇开始了。

客体早已消失于主体的视野,而正是基于这一消失的深度,主体被封印在了致命的策略当中。就这样,主体消失在了客体的视野里。

这就正如性对象的力量在于其"性"趣缺缺,而大众的力量在于其沉默。

欲望并不存在。仅有的欲望是想成为他者的命运,成为事件,在其中,他者超越了全部的主体性;验证了命运降临时所有可能的主体性;并最终在客体的激情当中免除了主体的终结、在场及其对世界和自身的义务。

主体意欲将自身置于世界的先验核心地位,并自命为普遍的因果关系,在主体依然是主宰者的律法符号下,这样的意图无法阻止主体悄然祈求客体,将客体视为偶像和护身符,视为颠倒的因果关系的象征,视为主体性失血的所在。"在表象的主体性背后,总是存在着某种隐匿的客体性。"

主体的全部命运都转嫁给了客体。对于普遍的因果关系来说,讽刺性取代了单个客体的致命力量。

偶像为我们阐明了某种深刻的异见,不同于通常的因果关系,不同于那种"赋予每个事件一个原因"并且"赋予每个原因一个事件"的荒谬主张。

任何后果在被追根溯源之前都是高尚的。更进一步说,只有后果有其必然性,而原因则是偶然的。

物恋的不可思议之处恰恰在于,它抹杀了世界的偶然性,代之以绝对的必然性。

在对原因的知觉当中,我们只能感受到某种相对的必然性,因而也就只能感受到相对的幸福。而唯有那种绝对的、迷狂的必然性才能令我们心花怒放。这正是那些纯粹的单个客体所认识到的,也正是通过它们,我们所有的尘世祈祷都得到了回应。

也许我们生存于普遍性当中,追寻客观的结局,在他者明晰的形式当中分配我们的生命,多多少少为事物赋予一个理性的面貌(当然这永远无法与我们为自己赋予的理性面貌相比);然而,在那些或悲或欢的瞬间，"活着"这个事实的确有必要被具象化为某个物件，某个不再与任何普遍决定保持一致的事物。在它身上，自我和他者的全部扼要形式（纯粹的人工仿造相对于客体的"天然"品质）都积淀为某种具体而不可理喻的感觉。

每个人都曾有过这样的购物经历，那个物品身上仿佛带着客体性的全部神秘力量。这同时也是我们定下某些荒谬赌注的原因，正如帕斯卡关于上帝存在的著名赌注一样。

我们需要相信我们下的注在某种程度上是正确的。如果说单独的客体不足以作为世界起源的话，那么反之，世界起源就理应被客观地解释为全部的世俗赐予。假使这个推论尚不能动摇我们的信念，假使我们无视理性的证据而继续将世界当作一个费解的实质、一个充满细节的单个客体来崇拜，那么这恰是因为理性本身也无非一个虚妄的赌注罢了。

切勿再对物做出解释，切勿再以客观的标准和漫无边际的参照来确定物的价值，相反，应以某物的细节来关涉整个世界，以某物的特质来关涉整个事件，以某物来关涉自然界中死去的或活着的全部能量——以期找到那个隐秘的省略，那条通往纯粹客体的完美捷径,该客体既不包括在意义的分配当中,也不与任何他者分享它的秘密和力量。

纯粹的商品

纯粹的客体是无价值的,以冷漠为其特性。它已把自己变得比客体更像客体,从而摆脱了客观的异化——也正是这一点赋予了它致命的特质。

按照波德莱尔的观点,这种特质的极致化,这种冷漠到底的路数,这种在自身语境中对异化做出回应的双重革命运动,早在纯粹的商品那里就已有先兆。[1] 现代以降,艺术(艺术作品)遭到商品的挑战,但它却没有(当然它也不应该)将批判性否定作

---

[1] 吉奥乔·阿甘本,《态度》:"他(波德莱尔)认为,客体是在转变为商品的时候获得其新属性的。他也意识到这样一种趋势,即,该特性将会不可避免地延及艺术作品。波德莱尔的伟大之处恰恰在于,早在商品大举侵袭之前,就以将艺术作品转变为商品和物恋对象的方式回应了这种侵袭。换言之,他带来了艺术作品自身交换价值和使用价值的分离。自此,波德莱尔就与任何一种功利主义的艺术解读展开了不共戴天的论战。他坚持主张审美体验的非实体性,并提出了美是顿悟的理论。冰冷的、物质性的灵韵环绕上艺术作品的那一刻,恰等同于拜物属性借由交换价值赋予商品的那一刻。"

为解脱之道。因为这样一来,艺术只会成为其自身的哈哈镜,正如在批判性否定的力量下,辩证思考成为资本哈哈镜一样。在交换价值的魔魅之下,艺术品形式化和拜物化的商品抽象性越发强化,即是说,变得比商品更商品,因为艺术品甚至没有使用价值。

如果说商品形式打破了客体的既有理念,打破了其曾经的美、真确性乃至功能性,那么,我们不应当通过否认商品的形式本质来唤醒这一切,而是相反,我们应当把对它的价值分化推向极致——这也

然而艺术品再生产所导致的交换价值和使用价值的割裂并不能令波德莱尔满足。他主张创设具备某种绝对性的商品,在其中,此种商品的真实性将被拜物过程摧毁殆尽。波德莱尔所构想的是这样一种商品,在它那里,使用价值和交换价值将彼此取消:它的价值正在于其无用性;而它的用途又恰恰寓于其无实体性当中——因而,艺术品向纯商品的转变恰是对于商品最激烈的废黜。正基于此,波德莱尔才会将"震惊"经验置于艺术作品的核心。为了戴上商品神秘的面具,客体失去了由使用价值所赋予的权威,而"震惊"即客体获得陌生感的可能。波德莱尔知道,为了保证工业文明中艺术的留存,艺术家不得不在使用价值和传统的明了性当中寻求再生产,故此,艺术的自我否定成为其唯一的留存之道。

这位现代诗歌的奠基者是个拜物教徒,真是我们的幸运。假使没有他对于妆容和发型、珠宝和饰物的激情,那么,波德莱尔在与商品的对垒当中是很难大获全胜的。——原注

正是现代性的总体策略,正是波德莱尔所认为的那个设定了现代世界既放纵又刺激的全部诱惑的策略。两者之间没有辩证法;合成是一种软性的解决方案,而辩证法则已过时。唯一激进而时髦的答案是这样的:强化商品中崭新、原初和不可预期的东西——例如,它对效用、价值以及流通所具备的优越性的漠视。艺术品就应该如此:具备冲击性、陌生性、意外性、不安性、流动性等一切特质,甚至包括那些属于商品的性质——自毁性、即时性和虚幻性。

在因异化的冷漠方式所产生的迷乱而反讽的高潮当中,交换价值的非人性呈几何级数增殖。这就是为什么在波德莱尔那充满蛊惑和讽刺(以及非辩证)的逻辑当中,艺术作品进入了时尚、广告、"编码幻境"的行列,并沉迷于其自身的趋利性、流动性、无指涉效应、偶发性及眩惑性。艺术作品成了纯粹的客体,具备绝妙的商品性。由于起因已然消亡,所有的结果事实上也就没有差别了。

正如我们所熟知的,这些结果也并不意味着什么,可是艺术品却要从这种零度、这种消失当中制造出一种物恋效果,并造就惊人的影响。这就是诱惑的新形式:不再是传统结果宰制的问题,也不再是幻觉和美学秩序宰制的问题,而毋宁说是一种猥亵的眩惑——但其实又有什么区别呢?粗糙的商品性只能造就一个生产的世界,天知道这样的世界有多糟。而一旦纯粹的商品性开始发挥作用,诱惑的效果就产生了。

艺术品——光彩照人的新偶像——理应着手解构其传统的灵光、权威性以及幻觉的力量,以便在商品性纯粹的猥亵里闪耀。艺术品必须抹杀其自身的日常性,转而成为某种极具异质感的东西。不过这种异质感不是压制和异化所带来的令人不安的陌生感,它也不是因为中邪或其他不可告人的攫取才显现出来的;它的光彩是由于某种来自别处的真正的诱惑,由于它超越其自身的形式,成了纯粹的客体、纯粹的事件。

触发波德莱尔这一观点的,应该是1855年世界博览会上异彩纷呈的商品景观。各方面看来,该观点都比瓦尔特·本雅明的要高明不少。《机械复制时代的艺术作品》一书中,本雅明从物的"灵光"及其真确性的消失里推论出,复制时代弥漫着某种穷途末路的政治决策(即政治性的绝望)以及忧郁的现代性。而波德莱尔的观念里却充满了对诱惑新形式的探究,这种诱惑与纯粹客体、纯粹事件密切相关,其中充满了极为蛊惑的现代激情——他的想法无疑前卫得多(不过,19世纪的人可以被称为前卫吗?)。

在这方面,波德莱尔更好地抵制了令人沮丧的异化理论(该理论对于20世纪的懈怠思想只有破坏性影响);更好地把捉了面临挑战时应有的真实反应,美学的和形而上学的,反讽的和轻松愉快的——这也许是因为新鲜商品的历史性喷发。不过我们不要被波德莱尔的"美学关注"给蒙蔽了。他关于纯粹商品性的观点,放在任何一个领域都是十分激进的。①

---

① 即是说,马克思的商品观念同样始于将商品视为现代世界中不可规避的小事实与至高无上的异质性。他从费解处着手,并非为了做出解释,而是为了将其变为一个谜,而他所有的教条皆建基其上。象形文字。马克思令一些惑人的谜样事物漂浮于商品之上,它焦灼的异质性,它对事物意味深长的布局的挑战,对真实、对美德、对效用以及对所有价值的挑战,乃至包括对价值观念本身的挑战。

我们在所有资本现象中、在通用代码的魔法里,至少在其初始的维度上所找到的,正是此种模棱两可的魅力。马克思主义教条摧毁了这一切(这其中也有马克思本人的功劳)。资本和商品的全部谜题都已被革命的道德屠戮殆尽,然则,又何来(怎么可能存在)革命的非道德呢? ——原注

性对象礼赞

只有客体是诱惑性的。

平庸的引诱者懵然无知,还以为自己是引诱的主体,而对方则是其策略的受害者。这种心理简直天真,其天真程度不下于那些自认为是受害者的"美丽心灵":这两种人都没能认识到,其实全部的权力和优势都在另外一边——对象那一边。

此外,对于诱惑的分析的平庸性也体现在分析者本人身上;引诱者又不傻(同样,被引诱者也不傻),他心知肚明,如果诱惑仅仅意味着这种可悲的心理学的话,那它压根儿就不可能奏效。难道被引诱的就不能是引诱者吗?难道主动权就不能悄悄地流转到客体手中吗?引诱者深信自己的策略已经套牢了对象,但他本人却落入这一陈旧策略的圈套,因而,毋宁说是对象以其致命的策略套牢了引诱者。

令我们迷惑的是客体所采取的那种命定形式。此举提高了纯粹对象性的赌注,正如萨特会说的那样,这样一来就轮到你脱离出去了——这就好比只有纯粹的商品性,才能更加彻底地把你从商品性中解放出来。

萨特:"在诱惑中,我从不试图将我的主体性暴露给他者。引诱乃全然的僭越,此举的风险在于我对他者的客体性,即,将自身置于对方的凝视之下,并被他所观看。这也冒着公然将他者纳入我的客体性之中的风险。我拒不离开我的客体性的领域——正是在这里,我通过将自己变成一个迷人的客体来进行斗争。"

只有不再为自身的欲望所困扰,只有超越了欲望的消失与解决,才具有诱惑性(这就好比歇斯底里症患者,再没有人比他们更不受困扰了)。

有一个残酷的故事是这样的:一个男人写了一封热烈的情书给他的意中人,而那女郎反问"我的哪一个部分最令你着迷?"他回答:"你的眼睛。"之后男人收到了回复——一个包裹,里面是那只令他着迷的眼睛。

此种对诱惑者陈词滥调的挑战,美而暴力。然而那女郎无疑也是邪恶的,她用真正意义上的"以眼还眼"报复了那种被诱惑的愿望。与这一放肆的馈赠相比,没有哪一种惩罚具备如此可怕的形式。她固然没有了一只眼睛,但他却没了尊严——经此一役,由于担心会得到一只眼睛作为回报,他如何再敢对任何一个女人"投以青眼"？事实上，没有什么比一个愿望按照其字面意思被满足更糟糕的了，没有什么比精确地按照一个人的要求去满足他更糟糕的了。客体作为字面意义上的客体向他臣服，也正因此，他落入了客体的陷阱。

这种致命的挑衅存在于每一个客体当中，后者随时准备令诱惑的残酷游戏更上一层楼。男人不得不回答女郎那个必然的问题："你觉得我的哪个部分最有魅力？"他从而犯下弥天大错。客体的报复逻辑已然先行一步。（我们也许会想：如果他换一个答案，情况又会怎样？他回答：你的声音，你的嘴，你的性，你的灵魂，你的外表，你的一切。——但这个问题显然是无意义的，因为在那样一种奉承的语境下，眼睛作为灵魂的隐喻无疑是唯一可能的答案。）

这恰恰是女郎所要弃绝的那种隐喻，这一弃绝令她享有无上的特权。他，作为主体，只能玩隐喻的游戏。而她，弃绝所有隐喻，成为致命的客体，从而将主体拽入万劫不复的深渊。

要做到这一点，只要混淆符号与身体就足够了，好比哈勃·马克斯[①]用一只真正的箭鱼来代替

---

① 哈勃·马克斯(Harpo Marx，1888—1964)，美国喜剧演员。

"箭鱼"的口令一样。我们这里的俏皮话固然要残酷得多,但它以同样的方式否决了"你的眼睛"这个口令,并同时否决了诱惑的整个观念修辞学。正是由于男人将女郎的眼睛和外表当作她本人来谈论,所以女郎可以根据自身的天赋自由地做出反应,而不是将她的眼睛作为纯粹而简单的客体。这样一个残酷写实主义的路数,其实与原始的食人习俗(吃掉心爱的对象)相去不远——在其中,它将自身作为纯粹客体的外向化,并将其操持为一种全无悲悯的满足。客体的策略——正如那个女郎所采用的,在于截断话语的隐喻性替换:从眼睛到外表,再从外表到存在,这是主体存在并允许自身被诱惑的唯一方式。

这种对隐喻的清算,这种将符号降格为野蛮而无意义之物的行为,是一个具有杀伤性的事件。它与大灾变这样的无意义事件处于同一序列。大灾变也是对于世界的某种盲目的回应,其中没有隐喻,正如客体对于作为主体的人一样。命运往往就是这样变得具体:在某个特定的时刻、某个特定的瞬间,符号成为客体,残酷地并且不可抗地,再也无法变成隐喻。它们打断任何一种解读,与事物彼此混淆——这就是为什么命运是个做梦的人,在梦中,符号和词语有着不可捉摸的瞬时性。

客体的策略,正如故事中的女郎那样,是将其自身与被渴望之物彼此混淆。所有的残酷性和讽刺性就存在于该回应的极端客体化形式当中——它将主体留在了无所依凭的境地。

这也是女性有能力进行双向游戏的完美例证:一方面是直接的性供给和性要求(她能够无条件地对要求做出回应,正如那个女郎和她的眼睛,而那个男人发现在他自己眼中他赤裸而猥琐,在对客体的沉迷中蒙受羞辱);另一方面是游戏、魅惑、隐喻和延迟了的性行为。男人没有这样的可能性。女人却依然得以自由地选择领域。男人饱受丧失尊严的折磨:假使他甘冒性挑逗的风险,那么他就总是处于被拒绝的危险当中;而假使他进行一种微妙的游戏,那么他就将成为拒绝的微妙形式的牺牲品。逆转是不正确的。女人并不居于欲望的位置,她位于比欲望对象高得多的地方。

当然,一旦她背离了这种欲望对象的冷漠,其特权也就随之丧失。她将变得与主体一样脆弱,并将因此而了解徒劳的苦难的全部形式。

性特权向女性的转移导致了一种新情况。自"将女性视为客体"的时代开始,男性特权至少引发了整个激情与诱惑的文化,引发了与性禁忌游戏息息相关的小说式的文化。这样的文化颠倒过来几乎是行不通的。我们不常看到男性表现出谦恭和守秘、挑逗和闪躲,这些崇高的下意识策略统统属于客体,是永恒女性的专属。不存在永恒的男性,因为不存在女人对男人发出性要求的禁忌。女人不必引诱就能得到一个男人,而男人却不得不引诱女人,如果她希望被引诱的话。

并且,如果说阴性压制对女性而言已经停止了的话,那么阳性压制对男人来说却远未告终。他发现自己为了避免失去尊严而不得不对女人的性要求做出回应。但女人却从来不会面临这样的情形,因为她总是能够逃脱,尤其是在引诱和拒绝方面,她不必冒丢脸的风险(而且恰恰相反)。

这恐怕就是费里尼那部电影《女人之城》(1980)的意蕴所在:在铺陈开来的女性特质的魔力面前,在所有那些可能的女性气息激起的没有丝毫诱惑痕迹的缥缈幻觉面前,男人是如此无措、赤裸和不确定。

这样一来,情况就不再是双向的,而是单向的。女性客体享有统治权,并且(由于欲望游戏的秘密规则)始终是诱惑的女主角。而男性客体则无非是被扒光了的主体,是欲望的孤儿,徒然追忆已逝的主导权。他们不是主体,甚至也不是真正意义上的欲望对象,他们仅仅是一种残酷、自由的虚构手段。

面对客体的静默,我们可以说出卡内蒂用以描述动物的那番话:"如果你凝视一只动物,你会感觉那里面藏着一个人,而且他正在取笑你。"

我们也可以说女人的内里也藏着别的什么人,而且正在嘲弄我们。女人太有技巧了。她们看起来是那么柔顺,她们清楚地知道(也许太清楚了)如何表现得不开心——而这背后势必潜伏着某种蓄势待发的东西。正是这同一种客体反讽在等待着所有的主体性,并将其击溃。

女性不在乎占有。客体不在乎占有。占有是主体的骄傲和偏执,而客体对占有乃至解放都是全然漠视的。客体只想诱惑,它正是如此把玩着自身的奴性——正如沉静之于动物,冷漠之于石头,外貌之于女人——客体总是取得胜利。

如果说冷漠注定要取得胜利,那么何必夸耀自身的差异呢? 如果说沉默终将占据上风,那么何必利用自身的意义呢? 客体的权力存在于其讽刺性当中。差异(difference)总是严肃的,但冷漠(indifference)却是讽刺的。

因而,女性可以凭自身的力量要求被当作主体看待(这也是诱惑的新风格。加之,当主体解放的游戏客观上导致了双方的愉悦之时,它也不无可取之处),而男性则欣然迈入布好的陷阱,因为他也赞成一些牺牲。不过,他一旦步入陷阱,就会迷失,迷失于女性从客体讽刺(这种隐秘的讽刺性掩饰了任何解放的主张)的深处投来的目光,在这种目光当中,他显得如此荒谬。这就正如假使他把一个动物视为主体,那么他也能从动物的眼中看到自己的荒谬一样。这正是陷阱的机关所在,这正是陷阱的收拢之处。

这种将任何人都视为"独立主体"的主张,只能说是十分荒谬的。因此,当女人假装"我不想要被诱惑,我只想要被认可"时,男人就很容易落入陷阱,毕竟,被视为认可的来源是一件愉快的事。但事实上,这个要求是反讽的,而男人却一无所知。

这个女人想要的,作为客体的我们想要的(从某种更原初的意义上讲,我们无疑既是主体又是客体——绝非那种被动的客体,而是热烈的、带着发自其对象性存在深处的驱动力的客体),不是打着独立主体的旗号自吹自擂、自欺欺人,而是如其所是地、被深刻地作为客体,那种具备无意义、不道德和超感觉特质的客体,即被交付给所有事件和所有人——掠夺和掠食者,甚至被占有、被迫卖淫、被奴役、被操控并被烙印,然而,在这一切的深处,她依旧是全然诱惑性的和不可异化的。一旦完美认识到性对象的这一特质(这一自由),女性就为所有的爱情和心理游戏做好了准备,但仅是作为纯粹的客体,而非主体;即,当你诱惑她时,她也诱惑你。她可以被统治、被探索、被诱惑,然而绝对不是以异化、屈从和被虐的方式(错位往往出现在,人们老把客体拉低到主体漏洞百出的心理学水平)。恰恰相反,造就她这种能量的,是她这一胜利当中的冷漠,这一胜利当中主体性的欠缺。她始终是游戏的主宰;客体始终是游戏的支配者并且强化了其讽刺性的统治。

过分关注谦逊和理智的游戏会冒犯女性,正如对年龄或力量过分认真会令一个孩子感到屈辱一样。在其内心深处,孩子知道自己并不是一个孩子。他并不在乎你为了维护他的尊严而在自由和责任方面的百般造作,因为这无非在夸大成人与孩童之间刻板的差异。他更倾向于同等条件下的竞争。他既不自由也不低人一等,而他把这一切留给别人去相信。他以他的无耻束缚你,这样一来,任何手段就都是合理的。他可以选择渲染差异,以脆弱孩童的形象面对成年人,如此,你就有义务保护他、维护他,并且淡化这种差异。否则,他可以随时选择还你以差异、真实和本质的缺场(童年并不存在;孩子也并不存在)。在这两种情形下,他都是对的。而这赋予他某种绝对的优越性。

同样,女性也总是可以选择自暴自弃为性对象,毫不犹豫地把自己交付出去(这总是能令男人深深地讶异),或者,她选择以主体的身份登场,容许自己被诱惑,并对这诱惑半推半就,诸如此类。她总是能够从一个角色跳到另一个角色,而不至于变得歇斯底里、反复无常或是莫名其妙:这不是心理学,这是策略——也正是这一点赋予她相对于男人的绝对优越性。

每个人性亢奋的方式都不尽相同。而性之所以可能,也恰是基于这个事实,即,我们每个人都对别人何以达到高潮一无所知。有人会说这是一个天大的误会,它不过是性秘密的生物学形式而已。是的,的确还存在着其他玄而又玄的表现,但这一个,这个谜,却始终熠熠闪耀在性的天空之上:他者的快感绕开了我们。所以说,"占有"这回事从不存在，我们不可能占有他者，除非我们体验到对方的性高潮。

万幸如此，这正是女人能够永恒地诱惑我们的原因：借由秘而不宣的快感，它成为某种不可预估的乐趣。

忒瑞西阿斯的故事着实精彩：在两条交尾的蛇当中，他能辨出雌雄。他既当过男人，也当过女人，并在此后声称女人的快感是男人的九倍之多。由于这一轻率的言论，他被天后赫拉变成盲人，但同时又获得了未卜先知的能力。

我们一定要出卖高潮的秘密吗？谁又被赋予了从一种性别转变为另一性别的能力，不是凭借外科手术，而仅仅凭借性高潮的变形？谁又能够继续谈论它呢？

很庆幸存在此种绝对的独一性，此种他者神秘的性高潮，性别差异正是建基于其上。这就是为什么它是一个谜，忒瑞西阿斯正是由于解决了这个谜题，正是由于僭越了性的界限，所以才被罚作盲人（像俄狄浦斯一样）——他也可以被变成一棵雌雄同体的树。不是因为出卖了女性高潮的秘密（？），秘密并不存在：所谓女性快感是九倍的乘法仅仅是男性欲望的讽刺性的乘法,它见证了一个事实,即,女性仅仅是男性欲望的讽刺性的迷狂。

谁还担心那个?真正值得担心的是把我们与这种谜样的差异疏远开来的那个东西,它促使我们走向快感的彼此分享,即走向冷漠。性解放的全部误会正在于此。

但归根结底,最大的独一性并非基于性高潮的这一方,而是基于更为非凡的诱惑关系。诱惑独自导致了一种奇特的情形,即,它令异性成为一种命运,它令异性不再是最终的(性高潮的)客体,而是致命的(死亡和变态的)客体。这是因为诱惑标注了一种无可比拟的解剖学(或曰心理学)意义上的差异。因为它将差异游戏推进到挑战和绝对吸引的临界点,推进到一种眩晕当中。在眩晕里,谁的高潮是谁的九倍已经不再重要,因为它关系到的是赌注的增加,而非关于结算。由于在这里是按照一套更高的规则下注,即可能没有上限的那种下注,所以乐趣自然也就无法计算(计算被迫止于某处)。诱惑能够独自终结一个性别对另一个性别的统治。

爱情中的梦想是成为女人。灵与肉之爱的深刻幻想不在于拥有,而在于变形,在于性的倒错。在做爱的顶点,蛊惑我们的乃是异性的谜。一切交媾的目的仅仅在于：如同触及灾厄一般触及另一个性别，并借由占卜与其融合。拥有所有女性这一遥不可及的梦想使交媾耗尽了自己。

然而对女性而言交媾又是如何呢？显然她们并不渴望成为男人。她们没有这一缺点。她们从不沉溺于对异性的好奇，相反更多地为自身所眩惑。借由情感宣泄和歇斯底里，她们与自己的身体之间除了细致入微的感情和关注之外，毫无神秘可言。化妆、自恋、诱惑、吸引以及歇斯底里：淫欲的圣洁形式，女性就是以淫欲的短暂而神圣的形式构造了其自身的每个时刻。她将她所在乎的一切，都逐一变形为她的一部分。而男人，除了追寻这种变形的力量之外，已别无指望。

他是被性别差异束缚住的他自己。差异的全部戏剧性都在男性一方，而差异的全部魅力都归属于女性。没有哪一种苦难和对女性的压迫能够贬抑此种极度不平等的命运。梦想、困扰、谜和计策的平衡总是倾向更热衷于自身的那个性别，从而勾勒出那个销魂的空谷，快乐之泉，而男性抵达此处则是为了迷失自己。

忒瑞西阿斯的故事表明，本质上，我们所追求的并不是性，而是性别的可逆性，即，从两个立场来看待性的那种能力,恰似先知和预言家(忒瑞西阿斯)能够看到时间的两个向度。我们希冀先知对于时间的掌控和可逆状态,正如我们希冀性的欢愉能够建立在对性的可逆性的操纵之上。

最极致的性高潮是变形。

灰暗的紧迫性

某种奇怪的自负使得我们不仅要掌控他人,还要刺探他人的秘密;从而令自己对他而言不仅宝贵而且要命。这种灰暗的紧迫性的性感之处在于:令他者消失的艺术。这要求一整套仪式。

首先,在大街上随机地尾随行人,一小时,两小时,漫无章法,你会认为人们的生活循着任意轨迹,无方向、无目的,而这恰恰是他们的迷人之处。他者之间的关联被你当成摆脱你自身的手段。你仅仅存在于他者的轨迹中,而对方却浑然不知;事实上你遵循着你自己的轨迹,而你自己却茫然未觉。因而这并非探究他者,也不是要知悉他的去向,更不是追求某些偶然随机过程的"漂移"——所有这些呼应于当代各种意识形态的,并不特别具有诱惑性；而此种企图心本身则全然地依赖于诱惑。

你诱使自己步入这样一个境地，即，除了成为他者的镜子之外什么也不是，而他者对此一无所知。正如克尔凯郭尔那面挂在对面墙上的镜子：少女从未留意过它，它却总是关注着少女。成为他者的命运，这念头诱惑着你。成为他的轨迹的翻版，这轨迹对他而言颇具意义，但那个翻版却不再具备任何意义。这就好像有一个人跟在他身后，知道他无处可去。而这不知怎么就偷走了他的客体性——恶灵降临，巧妙地插足于他和他的客体性之间。此事着实玄妙，以至于人们常常凭直觉感到被人跟踪，感到某种东西进入了他们的领域并且改变了领域的弧线。

某天，S女士决定拓宽此种"经验"的尺度。她得知，某位曾被她偶然跟踪过的陌生男子正在威尼斯旅行，于是决定对他进行全程跟踪。刚一抵达威尼斯，她就寻遍上百家旅馆，并最终找到了他下榻的那一家，继而租了他对窗的房间，以便监控其行踪。她用望远镜和相机拍摄那名男子，各种场合，他去过的地方，他碰触过的物品。但她对他毫无期许，也并不想与他结识。她并不特别地被他吸引。正值威尼斯嘉年华，为了防止他认出自己（他们曾交谈过),她染了金发(她原本是深色头发),乔装改扮了一番。然而她对嘉年华的种种乐趣视而不见,在她眼里,这一切不过是她跟踪那男人的阻碍。她花了整整两周的时间,耗费了不可计数的努力,才没有把他跟丢。通过向他去过的商店里的人询问,她设法了解到了他的计划,以及他预订了剧场的哪些座位,甚至他返回巴黎的列车时间,于是,她得以乘坐前一班列车抵埠,等待他,当他下车时,拍下最后一张他的照片。

不,那不是最后一张。女士并没有放弃跟踪,而是联系了与男子一道工作的作家,他将作为摄影师跟作家合作。事情急转直下。男子已经有两三次注意到她在跟踪他,在威尼斯就曾有所察觉。而在巴黎,事态甚至更严重,他诉诸暴力。"魅"已消失,而她终于放弃。

在其内心深处,她希望他杀了她吗?或是发现他难以忍受的阴影(尤其是当她对他并无期许,更不用说来一次性冒险)?她希望他失控并对她施暴吗?抑或,对她而言,这就像是俄耳甫斯从地府领回妻子欧律狄克,因为他的回头,她便随之消失?莫非她仅仅是希望成为他的命运,或是希望他成为她的命运?像所有游戏一样,这个游戏有一条基本规则,即,她和他之间不能进行任何联系或是发生任何关联。这就是诱惑的代价。秘密绝对不能被揭示,否则就会降格为陈词滥调。

被跟踪的人难免会对此事产生某种穷凶极恶的想法。他可能感到愤怒,感到被迫害,并变得偏执起来。但这并不是S女士的目的(尽管在日日夜夜的跟踪当中,这个幻想或许一度被煽动起来;但她同样承担了这样一种风险:对方可能扭转乾坤,察觉出她的伎俩,转而跟踪她,迫使她接受他的条件——他绝非受害者,他与她一样强大)。不,这是更为微妙的谋杀:它包括,当你亦步亦趋地跟踪某人时,他的轨迹亦遭抹杀。今时今日,没有一个人可以不留痕迹地生活。任何一个被跟踪者在一定时间之后总会回转身来,也正是这个原因。即便全无线索,他怎么可能对萦绕着他的符咒毫无感知?跟踪着他的灰色的(或曰金色的)紧迫性没有留下踪迹,但她窃取了他的踪迹。她不断地拍摄他。在这里,摄影不具备邪恶的或是档案的功能。它只简单地意味着:此时,此地,在这样的光中,曾有过某人。它同时还意味着:此地,此刻,在这里是无意义的,事实上,不曾有过任何人——我,作为他的跟踪者,可以保证,没有人曾在这里。它们不是关于在场的拍摄记忆,而是关于缺场的拍摄,即,关于被跟踪者的缺场、跟踪者的缺场,甚至关于他们对于彼此的缺场。

"来跟踪我吧,"某人这样说,S女士曾向其提及她的秘密,"跟踪我可比跟踪隔壁那个家庭主妇有意思多了。"但这是一个误解,它混淆了趣味和更高程度的诱惑。发现某人过着双重生活,这是一种无趣的发现,好比说希望陌生感能够赋予他们某种稀薄的情调。而关键在于,被跟踪这件事本身才是他者的双重生活。此举能令任何人庸常的生活化为神奇,然而它也能令不俗的生活化为庸常。再次申明,此事非关迫害,而是关于诱惑。

巴拉格尼亚公爵也深谙此道,知道如何扭曲变形的镜子那致命的阴影。这个相貌怪异可怖的西班牙贵族,在巴勒莫①附近建造了一幢以其自身形象为范本的别墅。那里饰有侏儒,遍布凸面镜,从而令公爵的妻子,西西里最美的女人,以为她自己丑陋不堪,这样一来,她就会无怨无悔地爱着与她一样丑怪的公爵。

---

① 意大利西西里首府。

抑或是，公爵通过创造一个猥亵形式的世界来保证他的权力？（丑陋是下流的。）在这个世界中，美遭到蔑视，成为弱点，因为美的完美性令人无法忍受。

或许这就是一切诱惑的秘密：它为美提供了一面变形的镜子，从而令美最终从其完美性中获得解放。推而广之，诱惑为他者提供了一面陌生的镜子，从而令他从其自身的存在、自由、形象和外表（即所有那些已成为沉重负担的自身秘密）当中获得解放。上帝本人就被魔鬼诱惑。

巴拉格尼亚别墅有秘密吗？没有。美想要的正是比它坏的东西，它希望被幽禁、被强暴、被折磨（耶稣被缚住肩膀悬在教堂的拱顶，就像一个鸟类标本）。第一个登场的男人，将以其怪异诱惑她。

然而不是第一个到来的男人。巴拉格尼亚公爵拥有高贵的灵魂。

年轻貌美的 A 小姐正被一位王子追求。王子无法来见她，只能每天写信给她。A 对这一切一无所知，因为信都到了她母亲那里，而她的母亲代替她写了忠贞的回信，并与王子保持着情意绵绵的鸿雁往来。不久，在母亲死后，A 就会发现真相，连同所有的情书和回信。她却并不因此而憎恨她的母亲。恰恰相反,这个背叛,在母亲死后将彻头彻尾地令她感到惊奇。

A小姐所拥有的仅仅是诱惑的自发魅力,王子被她吸引,并无神秘可言。然则诱惑的致命力量,掌控秘密的力量,象征力量(用克尔凯郭尔的话来说,审美的力量),真正的诱惑者,是那位母亲。

她才是反映、拦截和提炼她女儿的诱惑的那个人,在女儿一无所知的情况下。此种一无所知的状态是本质,是基本的法则。只有他者知道你是一位王后,只有他者知道你在被爱,知道你走投无路,知道你的生活毫无意义。借由此种颠覆,他在某种程度上遮蔽了你,窃取了你存在的理由,从而迫使你存在,这比他诞育了你的事实更加强烈。

这是一个美丽的故事,因为它反映出某种乱伦的影子,但我们有必要摆脱乱伦中所有俄狄浦斯情结式的蠢相。平庸地来看,诱惑某个被创造出来的人是不完美的罪行(crime par excellence)。但在更深的层面上,乱伦是自然且必需的。一个人必须引诱其生产并创造的对象。相反,也许被创造这个事实恰恰是最高的罪行,并且需要通过诱惑和被诱惑的原初事实来加以解决、救赎和补偿。而此种诱惑或多或少具有乱伦性质，因为与乱伦一样，它是一种秘密的形式：在于使你进入一个秘密而不仅仅是生活；在于赋予你一种命运而不仅仅是存在。

如此一来，从某种意义上讲，这一秘密的介入就是那位母亲对于将女儿带到世界上这一事实的补充。它的动人之处在于，母亲赋予女儿某种隐秘的命运，就像是再次赋予女儿生命一样。

乱伦并非出于欲望或欲望的禁忌；它不出于自然的或反自然的本能。乱伦当中没有性欲的成分。但它也无法成为法律或象征秩序的基础。乱伦表达了这样一条基本规则，即，所有被生产的必将被诱惑——被启迪了存在之后紧接着就被启迪消失。正因此，我们努力创造所有可能的途径。我们每时每刻都被要求去诱惑（即诱使对方去牺牲和毁灭、去破坏和强奸）那些我们受法律召唤而生产的对象。法律将生产强加于我们，然而藏匿于法律背后的秘密规则却无声地将诱惑强加于我们，并且，该规则比法律更为强大。

命运只有在迷局中方能勾勒，即，我的秘密在别处。没有人拥有开启其自身秘密的钥匙，而这正是所有心理学共同的谬误，包括关于无意识的心理学。一切都关联于我自身之外(在梦中或语言之中,与在事件中或大灾变中一样),这一切为我构造出一个致命的客体——客体即便不导致死亡,也暗示着对主体的剥夺。客体将主体卷入秘密当中,超越其终结,外在于他的目的,对他不管不顾,其中也存在着某种迷狂。

不可思议之处就在于此:一个人怎么可能在不自知的情况下涉入一个秘密?而答案是不可思议的:唯有他者知道,上帝知道,命运知道。所谓秘密,就是当你不自知时将你裹挟其中。

回到 A 的故事。A 涉入一个秘密,她拥有秘密的命运,而她全不知情。这样,她背叛这一命运的风险就不存在了,只有她的母亲知道这一点。

而在某些情况下,只有语言知情。唯有在语言之中,讽刺与命运的链条才被关联在一起。

就好比阿尔封斯·阿莱的故事《只有在巴黎》。一对年轻夫妇各自收到一封揭发对方不忠的匿名信。信上称,那位妻子只要去某个化装舞会就能得到证据,她的爱人会在那里,扮作一个哑剧丑角。而那位丈夫也得到了相同的秘密建议:去那个化装舞会,你的妻子会在那儿,她将扮成一个刚果船夫。

当晚，舞会进行到一半时，两人走到一旁坐下。终于，他接近她并带她离去。他们来到一间密室，彼此纠缠着扯下了对方的面具。而故事告诉我们，令双方目瞪口呆的是：他们谁也不是谁！——他不是那位丈夫，而她也不是那位妻子。

这个故事不合逻辑的魅力就在于两人匆匆揭开面具而其实面具后索然无物的举动当中。就好像两个面具自行其是，作为语言（或作为故事）的一种纯粹惯性功能，渴望再次与对方结合，而它们其实根本没有理由这么做。（然而，这两人得以发现对方是何等的奇迹？而真的那一对夫妇当时在何处呢？这是何等不可思议的局面啊。）真相已然出局，只有表象仍在运作，在逻辑本该将它们隔绝之处，它们却按照自身的逻辑结合在一起——这就是纯粹表象的游戏。这不折不扣正是智慧的运作。很明显，在笑话（witz）中，词语变成了一条线——不再是一个载体符号，而是一个表象的纯粹矢量。互不知情、全无因果关系的语言碎片，仿佛在一种莫名的蛊惑下相会，并且愉悦地发现它们"谁也不是谁"。词语撕下彼此的面具，并且完全认不出对方。

当然，这一切都与语言持续介入真实的可能性相关，并且它以纯粹的表象与真实冲撞，即，在其结束之后依然发挥作用。这就令阿莱得以玩弄措辞的花招"而他们谁也不是谁",单单作为语言来讲是行得通的,是一种功能性的、疯狂而奇异的逻辑陈述,然而对于理性来讲则匪夷所思。全部眩晕就存在于这个短句里。倘若没有这个短句,故事本可这样讲述:这对夫妇认出对方并紧紧相拥,彼此和解——这就成了一个具备18世纪感伤风格的、俗气而有教益的故事(在萨德的中篇小说里,一个异装癖引诱一个他以为是异装癖的女子,然而他和她都是同性恋者。在发现对方性别时当然会有失望,然而关于性别的故事,你总能猜到如何收梢)。你也许会假想那二人中有一位是其本尊,而另一位则不是,这会是个时髦的故事。然而,却跟诱惑没有关系了。

那个结论才是阿莱最着重的部分,他说,"这番插曲之后,他和她再也没有已婚夫妇的小争执",将它理解为,此次虚构事件在真实层面上起到了纯粹的效果,而那个令人发晕的假设——"即使面具下真是他们,结果也一样"(否则一切就毫无意义)——之阴影则一直盘旋不去。

更进一步讲,既然根本无人在场指认,那么,谁会知道"谁也不是谁"这回事呢?那对夫妇甚至不知道其自身的不在场,只有语言本身知悉这一事实。这就正如克尔凯郭尔的那面镜子:"一面镜子挂在她对面的墙上——她全不经意,而镜子则若有所思。"

为了诱惑的存在,符号或词语必须在不被知悉的情况下运作——正如在笑话中一样。事物必须缺席,而词语必须没有意义。然而角色们不能知道这一点(只有语言知情),就像在 S 的故事中那样,在其中,只有遮蔽者知道对方无所遁形,或者相反,像《死于撒马尔罕》当中那个自以为正在逃亡的人,不论他逃到何方,他者——死亡,都会事先知道他的踪迹并在那里等待他自投罗网。

如此看来,经由出其不意的迂回,阿莱的那个结论(那对年轻夫妻将不再会有已婚夫妇通常的斗嘴)也就不像看起来那么荒谬了。事件的秩序可以在语言的秩序中被轻易证明,对此,我们必须接纳,即,当两个词语、两个符号彼此诱惑之时,即便它们全不自知,在语言的展露当中,由于该诱惑的独一无二,它会对整个句子以及整个交流的效果造成某种眩惑。因此,在这个匪夷所思的小插曲中,仅仅是面具之间诱惑性的关联,也不可阻止地在那对夫妻身上产生了某种实际的影响。莫名其妙地,他们再次发现对方的诱惑之处。莫名其妙地,不论纯粹表象的层面上发生了什么,总会对真实有所冲击。对于语言,我们不可要求更多。魔法曾对语言有过要求——并曾如愿以偿。

一个具备诱惑力的故事,仅仅不合逻辑和毫无意义是不够的,它仍须借由某种匪夷所思的方式呈现。阿莱的故事在逻辑上无法解释,但也不再能从偶然性和可能性的层面上得到解释——此等事件不可能偶然发生。在其中,没有什么是清晰的,也没有解决办法,然而语言那种讽刺与出人意料的关联本身却是必要的。这是对纯粹符号的操弄,从而使得绝妙取代了庸常。这就是幻想的魅力。

那些来自别处的小短句也正是如此操弄我们的。正如卡内蒂所说:"我们永远不会忘记这些短句。它们或许从我们这里拿走了某种我们本该愉快地保留的清白。然而,借由此类残酷的破灭,方可开启一个人自身的天性。否则,他将永远无法认识自己。这些短句必须以惊讶的方式介入,必须来自外界。因为出乎意料,任何一个来自别处的短句对于我们都是有效的——我们无从抵销它。我们用与之一致的能量来帮助它,而在另一种境遇下,我们也可以用此种能量来反对它。"

这类短句是我们借以指认自身的庸常短句的反面,是那些令我们羞愧的短句(在其中,主体突然对其所是感到无地自容)的反面。而这类致命的小短句就像是某种纯粹的不明客体的爆发,它们令主体对自身无从辨认。主体全然无从抵销这些短句的效力,因为它们不再如镜子般服从,而主体再也无法练习他的谄媚(就像他对其他事物所做的那样)。顷刻间,他(主体)通常用以反对它们的全部能量发生了变形并且反过来依赖那些短句。纯粹客体的侵入颠倒了所有的关系——客体因为拥有了主体的一切权力而变得强大。我们所有的能量都被夺走,并即刻被这个来自别处的客体扭转了方向。对此我们欣然接受;经由这场出乎意料的革命、经由此次能量的变节、经由权力极点的逆转,我们自身也被物的秩序上"残酷的破灭"给夺走了。

水晶复仇

精神分析往往强调我们生命的某一个维度,而忽略另一个维度。它高估了我们生物和生殖意义上的诞生,却低估了另一意义上的诞生——启蒙意义上的诞生。精神分析忽略了这一点,即,如果我们生物学的诞生是由两个存在体来主宰,那么,当他者(有时就是我们的父母)对我们造成诱惑,这些他者在某种程度上就是我们启蒙意义上的父母。此种二度诞生是对第一次的补偿,尽管俄狄浦斯情结被精神分析描述得如此详尽,但它真正关注的仅仅是第一次诞生。

第一次诞生强加给我们一个历史,俄狄浦斯式的历史——压制与无意识运作的历史,情结与哀悼的心理学历史,与父亲、法律、象征秩序之间始终被阉割和被禁欲的关系的历史。而精神分析学没有看到,发生在我们身上的所幸总是别的东西,一次无先例的事件开创的不是历史而是命运。并且,它的绝无先例把我们从起源和历史当中解放出来。这一没有先例的事件就是诱惑。它没有起源,来自别处,并且来得出乎意料,它是纯粹的事件,一举抹杀全部意识的和无意识的决定。

我们都是被生产的,我们也都必须被诱惑。这是唯一真实的"解放"。它超越俄狄浦斯情结和法律,将我们从某种严酷的精神受难地[①]解救出来,也

---

① 指各各他,即耶稣被钉死在十字架上的地方。

将我们从由性而来的生物学宿命中解救出来。

只有对那些厌恶诱惑的人才行不通。确切地说,是无先例事件没有发生在他们身上的那些人。他们从未知晓第二度的、启蒙意义上的诞生,正由于此,他们依然受缚于自身俄狄浦斯式的历史并且注定要经历精神分析。精神分析将他们置于某种欲望经济学的基础之上,即,置于某种对欲望的拒斥之上。对于封闭这类人,精神分析所起到的作用可不止一星半点。

因为个体关于其自身欲望进程的那些不可思议的错觉是来自精神分析(当然,并不仅仅来自精神分析)。正如莫妮可·施奈德①在其著作《弗洛伊德与愉悦》中所描述的那样,19 世纪的"心理学革命"中,在这场对个体心灵经济学、力比多、自身欲望及其俄狄浦斯式反转的疯狂取代中,最终是精神分析取得了胜利。因为他者作为无先例事件的原

---

① 莫妮可·施奈德(Monique Schneider),法国精神分析学家和心理学家。她出生于 1935 年,1958 年获得巴黎高师教师资格考试第一名,在通过题为《情感与表现》的论文答辩后,在法国国家科学研究中心工作,后任教于巴黎七大。施奈德著作颇丰,集中于弗洛伊德,尤其是女性/阴性、男性/阳性以及唐璜等。作为弗洛伊德作品的严格的注释者,她耐心地改革了对这位奠基者每部作品的研究。

初性、诱惑性和致命性,因为惊奇,因为世界与符号的巧合,而这些符号使得你不再是主体,而是选择和诱惑挑中的对象。

令你存在的并非你的欲望之力(那完全是 19 世纪能量与经济学的虚构),而是世界与诱惑的游戏。召唤你进入存在的,是戏耍与被戏耍的激情,是幻觉与表象的激情,是来自别处、来自他者、来自他者的面孔、来自他者的语言和手势中的东西,还有那些困扰你、诱惑你的东西。它是一种遭际,是对于某物先于你、外在于你并且独立于你存在的惊讶,是对于纯粹客体、纯粹事件以及全然与你无关之事的非凡外在性的惊讶。好一个解脱!单这一点就足以诱惑你了。一直以来我们总是被要求作为每一个事物的原因,被要求为每一个事物寻找原因。矿藏、夏至、感官对象和戈壁,这一切都具有诱惑性,因为它们与我们的欲望经济学毫不相干,还因为从根本上讲,存在对其自身的存在毫无兴趣。它什么也不是。只有当它从自身被抽离出来,进入世界与诱惑的眩晕的游戏中时,它才存在。

而精神分析采取了一种截然相反的立场。它形成一套假说,关于作为入侵的外部世界,关于防御与投入的自我,关于作为纾解紧张的愉悦。对弗洛伊德而言,问题就在于如何摧毁狂野的诱惑事件。

一旦分析梦境,情况就陷入两难,因为从致命角度来讲,梦是一个事件,然而在分析当中,梦又无非是一种症状。对于疯狂、神经衰弱和行为倒错,同样如此——精神分析从各个层面上错过了这些行为突发、迷幻而诱惑的力量,忽视了它们的事实性,而仅仅将其视为症状。精神分析从事物的侵袭当中、从表象的魔法当中、从它们所暗示的挑战当中剥夺了其主导权,迫使它们退回特定的解释主体当中去。正是针对所有这一类精神分析,欲望主体、无意识的鲁滨孙才应运而生,宣示了某种孤独的经济学,某种对所有外部侵袭的驱魔。即便是作为失调根源的外部世界概念以及作为决裂征兆的内驱力自身,也仅仅是症状性的。主体唯一的命运应该是解除其张力,净化其内在的兴奋,消除不断以崩解威胁心理学壁垒的邪恶力量的入侵。这甚至已不再是一种驱动的命运,而是一种驱逐的命运。正如尤利西斯那样,对任何外在形式的咒语封闭之后,主体的唯一任务将是把自身从本能的能量中解放出来。在某种防御组织当中,愉悦被视为原则(!),死亡则是解决之道,甚至,死本能(death drive)也被作为摆脱这些紧张感的方式。

莫妮可·施奈德说明了理论家弗洛伊德早在诱惑(或诱惑的概念)开始第一波进攻之前,是如何放弃立场,通过对精神分析的心灵装置的组织使其惊鸿一现的。它从一开始就围绕着整个个体,即,一个纯粹本能的附属品注定要管理自己的欲望,要分散自己的投资,要发明自己的对象关系,要幻想自己的形象。那就是在本质的个体进程中,基本上所有事情都发生在其内部的一种存在;而在双重进程中,没有任何事情发生在其外部。

至于俄狄浦斯返回底比斯城及其恋母问题(与母同眠及象征阉割的失明等),斯芬克斯终须一死,就是说诱惑及其眩晕必须有一个了结,谜团和秘密必须有一个终局,以利于某种隐微的历史,此种历史的戏剧性全然存在于压抑之中,而其关键在于解释(谜底永不揭穿,它凭借一种占卜秩序上的秘密的明晰来实施诱惑)。为了致命的真理,诱惑性的谜必须被终止。

同样地,对于弗洛伊德来说,为了走上高贵的俄狄浦斯式的精神分析解说之路,为了进入无意识的国度,为了与精神分析共寝,而最终后果之于我们,其戏剧性恰如俄狄浦斯的冒险之于他的臣民,弗洛伊德同样不得不终止诱惑,不得不杀死禁止"心理现实"入境的谜样野兽——现象的斯芬克斯。弗洛伊德私下延续着勾引者的此种施为,希望借以消除或埋葬自我当中那种古老的母系诱惑:斯芬克斯、女巫或是放荡的护士。

尽管如此,倘若说莫妮可·施奈德明确指出精神分析的驱邪术以及整座弗洛伊德大厦都建基于诱惑的符咒,那么此处,她也无非是以弑母者取代了弑父者,因为对她而言,诱惑仍停留在原始母系的意义上,停留在贪婪的勾引者的意义上,停留在融合的子宫的意义上。诱惑被贬抑为勾引者,而勾引者则转向了女人和子宫那深不可测的吸纳力。这是现代女性主义的无耻花招,其自身已被精神分析所误导:某种意义上讲,现代女性主义正与弗洛伊德同心合力地将女性复苏为危险、古老而毁灭性的力量,它们的目的是以父之名禁制母系吸纳欲的力量。假使诱惑仅仅是融合的问题,那么我们也像拥有律令一样拥有俄狄浦斯情结。事实上,该类型的诱惑也无非是透过俄狄浦斯情结和律令的棱镜所看到的诱惑,恰似某种恶魔般的光谱,是乱伦的引诱。正如伊俄卡斯忒(俄狄浦斯之母)一度是诱惑的真正形象、谜样的斯芬克斯,她已遭毁坏和牺性,而其重生却毋宁说是另一重堕落,因为她重生于被恋母情结、复仇和诱惑的反噬所败坏的世界。但这已然是不同的形象了——于斯芬克斯是复调和谜;而于伊俄卡斯忒,则是母性与乱伦、古老与融合。

也难怪弗洛伊德对此类吞噬性的母亲望而却步,然则,诱惑却是一种截然不同之物。如果说精神分析(或曰律令、父系等)将你从母亲的融合欲望那里撕裂出来,并使你重新听命于自身的欲望,那么,诱惑则将你从自身欲望那里撕裂出来,并使你重新听命于世界。诱惑将生命从幻想、压抑和原初场景的精神分析领域撕裂出来,使之重新听命于表象那肤浅又眩惑的游戏。它将生命带离隐喻的统治,使之重回变形的王朝。它将生命与物带离解析的统治,将其再次交付给预言。诱惑具备初始的形式,从而恢复了符号的力量。因而,诱惑无法与那种只能赋予符号一个意义(并且不是一个愉快的意义)的原则并存。

然而,梦境却绝不仅仅是"物质"。它们施魅并且具备魅人的预言性质,当然这是在它们湮灭于解析之前——在解析中,梦境承担它们所应该承担的意义。这样一来,梦境便既不具备诱惑性又不具备致命性,它们变成了暗示性的。梦境一度拥有秘密,弗洛伊德却以意义取而代之;梦境一度与命运比邻,弗洛伊德却使之趋近欲望。但梦境之魅(即便是恶意的那种)业已失落,转而让位于潜意识的运作。作为表象的梦境的游戏允许我们不再循着潜意识和隐喻的路径前进,而是循着诱惑的效果,循着重大事件秩序的轨迹,梦境是它的一部分,正如在故事中那样,不是作为一种症状,因为在此处梦境仅仅是朝向其意义的符号而已。作为纯粹事件的梦境具备某种预言的质感,然而,随着分析式解释的介入,梦境被降格为一种潜意识的经济学和拓扑学,其预言性质已遭破除。

自此,梦成为精神分析式的,跌入通灵的秩序。它已丧失其诱惑性。大体上就像是神经官能症,就像是幻想、倒错性行为、癫狂和疾病这些被精神分析隔离到无意识区域并神圣化为病理学的症状,而所有这些症状都已被分配好其天命般的解析(弗洛伊德此举仅次于直接对智慧予以践踏)。

> 只有在梦是整一、无损并且神秘的情况下,我才能够忍受它们。梦是如此不可思议,以至于我们只能极为缓慢地对其予以理解。

> 那些太快理解梦境的疯子是不幸的,因为他们将失去这些梦,并且永不可追。
>
> 同样,我们也不能将毫无共通之处的梦堆砌在一起。它们的重要性与它们在现实中的展布是确切匹配的。无论如何,关键在于梦的实现:不再是在精神分析当中,却是在童年里,以及类似的那些业已逝去的东西里。而梦总会以传统破译者想象以外的方式实现。为了激活现实,梦必须以各种可能的方式来洞透现实,从各种可能的方向奔赴现实,尤其是从我们最意想不到的地方。无实体之物总归有其形式,这由它对现实的介入所决定,而我们不应该从外部为它强加一个形式。
>
> 梦的解析所造成的伤害不可估量。改变虽说微不可见,但梦之一物,却敏感如斯。只有极少数人意识到了梦的殊异之处。怎么还会有人竟敢将梦层层扒光,直至它与庸见了无区别?
>
> ——卡内蒂

我认为,梦具备某种本质(正如所有东西都具备本质),即一种理想型,而其虚幻的力量已被精神分析所窃取。我还认为存在某种表象形式,它是表象的理想型，而其幻觉的力量也已被解析所剥夺。

精神分析是符号的恶意。它把每一个符号都转译为症状，把每一个行为都转译为口误，把每一种话语都转译为潜在的意义，把每一种表现都转译为欲望的幻影。此类解析的短视程度是多么不可思议啊！与思想的诱惑力相对，精神分析实现了隐藏动机的面面俱到、无远弗届。对表象起疑、被症状和潜在意义讹诈、揭穿谜题——精神分析绝对是不幸的一部分，绝对是被尼采认定为所有保守世界源头的恶意的一部分。

不过，诱惑自有其制衡之道。它讽刺性地对梦境予以重构，使之在梦的治疗中重现为这样一种众所周知的形式：尝试对分析师进行引诱，并借以逃避分析本身。但这不算什么，解开谜题与斯芬克斯之死将引爆俄狄浦斯关系中所有潜在的淫秽之处——谋杀、乱伦以及最终那伴随着真相昭然而来的眼盲。我们永不应触碰谜题，承受跌堕至淫秽的痛苦，而为了逃离此种淫秽，俄狄浦斯除了变瞎之外也别无他途。是的，斯芬克斯大仇已报——她正是以她的死将俄狄浦斯禁锢在了这一整个谋杀的历史当中，也正是这样，她将弗洛伊德禁锢在了阉割的历史当中。

致命的，抑或可逆的危机

"偶然性试炼我。"——上帝

"在南斯拉夫一处幽僻的山谷，全因一枚骰子的掷出，偶然性似已遭到废止。"对此，我们的回答是，很早以前的任意一次掷骰子行为都终结了偶然性。

关于偶然性有两种猜想：其一，所有事物注定彼此相遇，而偶然性却令它们不能如此；其二，所有事物注定彼此疏离，而仅仅由于偶然性，它们才有过一期一会。

后一种猜想较为普遍，然而悖谬的是，前一种却比较有趣。

对于那种普遍的观点而言，所有事件中都留下了一种意味深长的歧义：偶然性究竟是使得事物保持了不期然的分离状态（恰与其定义相符），还是使得事物时不时地彼此相遇？自然，我们对于这两方面的情况都很乐见。事物因机缘而发生，而又是机缘使得它们相遇，这完全不合逻辑。偶然性究竟是揭露了事物间无以复加的漠然，还是背叛了某种秘密的意愿、某种以不寻常的遇合为乐的恶灵？

解决方案也许是后者：很早以前，现代分析就已揭示出对世界的决定论解释的缺陷，并以牺牲客观因果关系为代价催生了一个偶然性的世界。故此，现代分析四处激发以偶然为依据的视角，同时唤起人们对其他联系的注意，如，非因果关系以及那些更为秘密的向度（以精神分析及其潜意识解析为例，它们已然剔除了口误、失败、梦和疯狂中的偶然因素）。更神秘的是，另一种必然性出现了，而原则上任何事物都无法从其中逃逸出去——不论是心理学的还是结构性的宿命，事物的深层秩序是无意识的，但它仍然注定剔除偶然性。因而，我们用以取代明确因果关系统治的，并不真正是偶然性，而是某种更为神秘的联动装置。这样一来，偶然性就无法再与科学在解释一切方面暂时的无能为力相吻合（否则偶然性就仍具备可知的概念性存在），而是由因果决定论转向另一种秩序——一种迥异的并同样"非偶然性"的秩序。

并且还存在另一个问题，即，有偶然性（至少在后一种意义上）则必有巧合——两个系列必须交叉，两桩事件、两个个体、两颗微粒必须相遇。虽然发生的概率无限小，但发生联系的可能性始终存在;同理,有因果关系则势必有因和果的连续。目前这种假说尚不确定。但遭遇的不可能性同样不确定,除非身处一个沉溺于绝对权力关系的世界,在其中,由于那种通常封印它们并禁制一切混杂的"灵光"业已消逝,肉身、个体和事件得以彼此触碰、冲撞和巧遇。而在神圣的仪式化的宇宙里,事物之间从不相互触碰,也不会相遇。它们沟通无碍,但从无接触。此种情况下的呼应,精确地避免了接触。注意看仪式性的姿态、服饰和身体的律动是如何彼此纠缠、彼此擦碰以及彼此挑衅,但从不彼此接触。不存在偶然性,就是说,滑倒不会让身体狠狠碰撞,同样,无序也不会令事物突然之间乱作一团。

我们的肉体和日常生活同样如是。我们必须破除环绕着行为和肉体的灵光,方能相遇于街角,相聚于不计其数的城镇,并在爱中靠近或消融。要突破这种肉体运行的磁场需要极强的力量,而要产生一个偶然性能够使肉体产生关联的冷漠空间同样需要这种力量。我们每一个人都仍然保留着这种难以驾驭的力量,即便是在现代世俗空间的中心,即便是在我们对空间上获得了解放的身体的使用里。这种力量足以抗衡那种防止乱交的禁忌,足以抗衡将所有偶遇、融合或混乱都归咎于偶然性的界别。偶然性仅仅是肉体所具备的自由,正如微观水平上的粒子,在无差别空间的任意方向上移动。而从象征的观点来看,此种自由意味着,对每一个存在而言,一个神圣不可侵犯的空间是不洁而猥亵的。(这与任何形式的清教主义无涉,但与肉体运动的必要主权空间息息相关。)因而,偶然性连同描述我们这个现代世界的统计学概率,都是不洁与猥亵的形态。眼下我们必须以自由之名全盘接纳这一切,然而总有一天,这种拒绝——这种使得多重相遇成为可能并且使得我们生命的布朗运动加速的解放——将会挟致命的不确定性和不相关性重新降临,并令我们臣服其下。偶然性不仅试炼上帝,也试炼我们每一个人。

西方唯物主义假定世界是野蛮的物质、偶然的主体和无序的运动。倘若某个上帝未曾出现并赋予世界以灵魂、意义或能量,那么,我们世界的"原初场景"仍将了无生机。这是上帝能够独力解决的混乱,通过强加秩序的方式,将世界与原初的混沌状态撕裂开来。

"偶然性中包含着秩序,而当秩序降临,它为偶

然性的产生预留了空间。"(A. 维尔德)

然而,从假定的无序中创造出秩序、产生并维持运动、承担并制定意义,这些才是问题所在。这才是困扰我们的东西;是我们的大灾变(熵)理念,同时也是其基本轮廓。

在我们这个世界中实现理性的几个时刻,是以无休止的努力为代价的,就是说,我们必须随时警惕跌入虚无之境——这样的假说具备一种官能性的悲观跟绝望。甚至连上帝都受够了这一点。"偶然性试炼上帝。"一位神学家在谈及赌博非法化的话题时这么说。上帝厌倦了与偶然性做斗争。(此外,近来上帝已经缴械投降,对世界上某种开放的随机视角的宰制做出了让步。)有些事情一旦这样起了头,就不会有别的结局。倘你认为某种能量对于填充宇宙、创造有意义的联系、弱化反偶然性阵营是必要的,那么,此种能量迟早会失败。甚至上帝也无从抵御这种意义的终极湮灭。任何人都将对此缴械投降,上帝本人已放弃反抗,在无意义的宇宙侵入之前将自己擦除。上帝没有被偶然性所中伤、腐化和威胁,他只是厌倦它罢了。多么绝妙!

不过,你也可以采取相反的假设。上帝并没有厌倦与偶然性抗争,而是疲惫于不得不一再地复制它。被困囿于这项永恒任务当中的正是上帝本人，因为真相是：偶然性并不存在。倘若偶然性真能被创造出来，那也只有神能够办到，因为这本来就是非人力所能及的工作。

创造偶然性，以使万事万物不至于总是必然相关并且永无间断——无论幸运与否，这对人而言都不堪忍受。创造偶然性，以使人们能够相信并托词于运气，这能减轻他们的负罪感。

这样一来，对于纯偶发事件的可能性的信仰，其关键性也就随之变得微不足道、无关紧要和全无责任。好比说，朋友的死亡、命运的逆转和自然的灾祸。如果这些事件除了"它们不会自行发生"这样的事实之外，还可能归因于某种意志，某种客观的或主观的恶意，甚至是上帝的恶意，那又如何？这是何等的负累，何等的重荷，又是怎样一种责任与过错的激增啊！这样一来，我们对于未来又怎能抱有天真的愿景？

原始人类相信一个全能思想和意志的世界，其中没有丝毫偶然性的阴影。但他们真的生活在魔魅与残酷当中。而偶然性让我们有喘息之机——"没人想让这事儿发生"，何等安慰！因而，恰恰是上帝，出于他莫大的恩慈，将偶然性授予了我们。

对于想要摆脱的某个事件,我们常常说:"这是上帝的意志。"(即,"没有人"的意志)。但上帝到底还是对于这种意志感到厌倦了,极有可能在某一刻,上帝撤销了他的意志,从而把世界作为牺牲品留给了客体的律令,即全然的宿命。

偶然性乃归因于一位上帝,而他比那位凭自身意志操控一切的上帝或是那位使得万物都被宿命地联系起来的上帝更为非凡。对于物品而言,没有比彼此联系并且变形更简单的了。为了避免此举,为了得到一个纯粹偶然性的世界,我们需要设定某种无限的意志和能量。为了维护偶然性的绝对统治,上帝本人永远不会停止孤立每一个粒子、废除所有序列、终止所有散乱诱惑的奇妙工作。在偶然性中竟有这等诡计!而偶然性得以存在的可能性又是多么微乎其微!(正如上帝存在的可能性微乎其微一样。)

上帝——我们那位理性的理性主义者老上帝——显然无法掌控事物的轨迹。他存在的理由乃是保证并且护佑某种因果关联,对世界做出最后的审判,并且在某处,洞穿当他注视混沌时试图含混其明晰目光的迷雾,如此,方可对善与恶做出最微小的区分。而恶魔时刻威胁着要混淆这些乏味的工作，诱惑则不断操弄以期模糊善与恶的距离。难怪上帝已死，丢下全然自由而随机的世界，并且，把组织事物的重任留给了某种盲目的神力，名曰：偶然性。

在整个交易中，上帝几乎没有选择他的立场。本应在场作为万事万物起因的他，最终将事物安排成无理由地发生，以及经由某种全然罕见乃至不可能的概率到达，这比作为某个原因的结果而发生有意义得多。偶然事件承载了某种意义和强度，那是理性事件所不具备的。在这个武断的世界上，偶然性是特殊效果的创造者。

偶然性本身就是一种特殊效果，它在想象中预设了意外的完美——正如在一系列物品中，缺失的那一个尤其珍贵。我们生活在一个充满悖谬的世界上，在这里，偶然事件比显而易见的关联更有意义，也更具魅力。也许，这种状况本身就是某种结合：在意外中我们找到更为优越的魅力和意义，体验到讽刺而恶毒的喜悦，无疑只有第一思维在混沌的世界上发明第一因果关系时的愉悦可与之相提并论。这样一个人，在他的时代，一定会被视为恶魔，由于他所带来的麻烦，他必须在火刑柱上被烧死。

但这一切乃是建基于有关混沌世界的充满缺陷的假说,而这个世界正是我们不得不通过理性的联系与之抗衡的。然则相反的假说却更为充分也远为合理,即,世界上根本不存在所谓偶然性。没有什么是死的,没有什么是无效的,没有什么是无联系的、无关的或偶然的。恰恰相反,万事万物都是宿命地、绝妙地彼此关联——绝非通过理性的关联(它既不是宿命的也不是绝妙的),而是通过变形的不断循环,通过形式和表象的诱惑关系。倘若将世界视为某种需要能量的本质,那么它就存在于随机性的潜在威胁下,并被偶然性击溃。而相反,当被视为表象及其无意义瓦解的秩序时,当被视为纯粹的事件时,世界则服膺于绝对必然性的统治。从这个角度来说,一切都迸发于关联和诱惑,没有什么是孤立的,没有什么是偶然发生的——其间有一种总体的相关性。问题在于,我们是在某种时刻打破并阻止事件的这种总体相关性,中止诱惑及一个又一个形式带来的眩晕,而当万事万物仿佛奇迹般地归化于有序时,我们则在一系列相关事件、幸或不幸的巧合、命运的形式或是不可避免的关联中看到自发产生的奇妙秩序(或者,对有些人来说可能是无序)。

客体及其命运

在书写和言说当中,我们都熟知这样的经验。当我们放任语词随意游戏时,它们都有呈现命运的秩序的趋势。诱惑将漂浮的符号掷向中心系列,借助诱惑的效应,语言的一切都能在一个单独短语中被吞没。我们清楚这一连锁反应,也清楚它不可否认的发生。我们知道,当事物不受阻碍地发展时,当它们在事件的纯粹连续性中发生关联时,当我们不再以我们的理性系统、逻辑以及目标导向结构去与它们抗争时,或将它们视为既有历史的次生后果时,就会产生一种奇特的熟悉感。

从语言学角度而言,这一切都接近于列维-斯特劳斯所谓的"能指的过剩",即,"能指"从一开始就遍布各处,而在这种泛滥当中,幸运的是"所指"也永远不会被耗尽。能指这一过剩的秩序是魔法(和诗)的秩序,它并非偶然性或不确定性的秩序,恰恰相反,毋宁说这是一种设定好的秩序,相对于将能指与所指结合起来的秩序,它是某种更为优越的必要性,同时也极其武断。将能指与所指相结合的长期工作,即理性的工作,以某种方式打破并吸收了这种致命的泛滥。魔力般的诱惑必须被减少并被废止。终有一天,所有的能指都将得到它们的所指,而一切都将成为意义与现实。

很明显,这将是世界的终结。当所有的诱惑关系都屈服于理性关系,世界的的确确就将终结。这恰恰是我们所从事的大灾变事业——把一切致命性都解析为概率的因果性。那才是真正的熵。我们也许会问它是否能获成功,但我们不必怀疑,命运,而非偶然性,才是事物的"自然"进程。而这就是命运,即,是理性旨在摧毁的、形式那炫目的诱惑,而不是能与理性和平共处的偶然性。请记住,偶然性中包含了秩序,而当秩序来临,它为偶然性的创生预留了空间。

理性的工作全然不是创造联系、关系和意义——这些已然太多。恰相反,理性所寻求的是,量产中性,创制漠然,消解不可分割的星群与基阵,使这些不稳定的元素最终觅得自己的起因,或是在随机性的摆布下四处游荡。理性所寻求的是打破表象的无限循环。偶然性(即不确定元素的概率,它们各自的漠然,一言以蔽之,它们的自由)就是来自此种拆分。

简言之,唯一的偶然性是我们凭借对形式的肃清而人为制造的。偶然性从不存在,尤其不是在一开始——像我们常常认为的那样。原初而言,所有的形式都能被彼此解释,或更确切地说,都能被必然地彼此暗示。不存在真空,然而为保证偶然性的存在,必须有真空:内容与形式全都熔合在一起,当确实了无一物时才分开。作为一种不同于我们的现代思考的方式,这是不可思议的。

17世纪,帕斯卡和托里切利①在同一时期分别发现了偶然性与真空,这绝非偶然(!)。现代人实际上创造了这些中性的概念,这些不在场的拟像——偶然性,空虚,无边界、无形式、无宿命的世界,无内容的空间。两种正式的抽象为现代性奠基,而宿命和恩慈正是由这种现代性生发继而撤去,将该领域留给实验性的创造者以及统计学的灭绝。

偶然性的游戏恰恰悖谬地说明了偶然性的此种不在场,说明了游戏者精神中那种激进的否定。赌徒所希冀的绝非在概率和伟大数字的规律下取得一致,那并不比任何客观的序列更令人兴奋。毋宁说,赌徒所寻求的是偶然性,但并非作为随机影响的那种准时而意外的偶然性,而是作为选择符号的偶然性,作为普遍诱惑过程的偶然性,作为俘获

---

① 雅克·布罗塞,横贯♯23。

游戏的规则的偶然性——而它与概率的规律毫无关系。赌徒寻求的是连锁反应,是迷人的大灾变。

游戏领域里,所有的策略都旨在引发理性原因的降级以及神秘关联的逆升级。幸运的时机并非一个接一个地抛出——每一次抛出都遵循著名的偶然性等概率;而是恰恰相反,一连串命定的幸运时机(或曰不幸时机)被抛出:其本质在于命定而非取胜,是将命运困囿于其自身的游戏之中,在这里,已经没有任何事物能够阻止生产,因为世界已沦陷于心灵的纯粹诱惑。如我们所知,所谓偶然性仅仅是指滚雪球般不断增大的偶然性,恰如大灾变一样;而它与那种能或不能被计算的客观概率全然无关。偶然性必须是被动的,适时地被寻求,适时地被诱惑。而上帝只能回应,他只能给予你一切。上帝只能让事物如其命运所是那样发生,即,将所有形式(包括数字)无例外、无意外、无失败地关联在一起。这是游戏的基本规则,而上帝自身即游戏的主体。这也是世界的秘密组织的基本规则,使得形式按照其宿命奇妙地关联起来。此举允许游戏(或曰具体规则)中出于仪式目的(而不是契约目的,好比在受法律掌控的交换中那样)的任意形式,正如一场完美的传统仪式所体现的那些孕育着希望的绝对必要性——尽管也不是没有讽刺的微光一闪而过。

我们统统是赌徒。我们最强烈的愿望乃是理性关联的必然队列能够暂停那么一小会儿。即使是很短的一段时间,取而代之的则是另一种闻所未闻的阐述,事件不可思议地升级,一个最微小细节的非凡序列,恰如命中注定的一刻,我们意识到物突然发现了它们自身,它们不再被偶然性推向对方,而是自发地彼此趋附,在此种同样的张力中一致通过它们的关联,而在这之前,物与物之间则通过序列与因果的契约保持着人为的距离。

这令我们感到愉悦。这才是我们真正的事件。没有什么是中立或冷漠的,一旦我们能够取消物与物之间"客观的"因果契约,它们就能彼此趋附会合,这一显而易见的事实正是诱惑的证据。为了规避因果关系的循环,变幻莫测的符号必须被规划,某种莫测的密码,这是游戏的规则之所在。这些诱惑将打破因果系统以及事物进行的客观路径,并且使得事物重新进入其命定的关联当中。这些才是真正的挑战,而我们通常会置之不理,就像那些游戏选手一样。

写作本身亦是如此。诗歌也好,理论也好,都无非是某种独断符码的投射。在这一独断系统中，游戏的规则得以发明，物被纳入其命定的发展。那些类似意义坍塌之类的小型灾难，那些事件扰动的效果，我们倒不如像大卫·儒勒①那样，将它们视作预料之外的理性逻辑的一部分，恰如他所谓的系统的"初始条件的敏感性依赖"。一开始不过是最小值的扰动，在相对较短的时间内，被放大为不可估量的后果，该系统往往受此影响，在接近陌生的吸引子时尤其明显。"一个喷嚏在数月之后，能够在世界的另一个角落引发一场龙卷风。"迷人的关联，极其夸张的效果，但就其不可预见性而言，它仍然是客观的和决定论的。

不过，我认为，在这种事物进程突如其来的升级里另有什么在发挥着作用。此处所发生的乃是逻辑的转换，而并不仅仅是一种指数逻辑。这有点像在弗洛伊德意义上的梦中，语词丧失了它们本来的意义，转而像物一样运作，并且都被带回相同的原始、兽欲的状态，在其作为材料的急迫性当中彼此关联，毫无意义地（但不是随机地）超越了所有的句法和所有的一贯性原则。在这里，语词误以为自

---

① 大卫·儒勒，横贯♯23。

己是"物",并且突然被卷入了"物"的戏剧当中。同样,有时事件也被卷入超越心理学和客观因果性的游戏里,被困其中,它们加大了赌注,而无视历史上的先例。状况本身也能逃离它们的意义,并在某种超感性的关联中,也希望成为事件。如此创制的关联看起来仿佛一场灾难、一种叠缩,好比事件突如其来的扰动,而又如梦境中语词的"自由"耦合一样,保护了某种非凡必要性的特质。微弱的重力加速度、微弱的"旋风"就这样在事件中诞生,在这里,主体自身也不再是一个词而是一个事物,并且在物的恩慈下运作。

在一个梦里,我刚刚度过一段神秘而艰难的哀悼期。别人告诉我,事实上哀悼总是过去得很快。我回答,确实如此。于是我周围的每一个人都爆发出狂躁的笑声。我引发了某种笑的灾难。我说得如此之少,但其引发的效果是如此夸张,此二者之间的巧合,令我感到自己被排斥到一边,被抹杀了。在我不自知的情况下,我到底引发了什么?或者说,在我并未期许的情况下,我进入了怎样一种惊人的关系当中?此种关系仅仅依赖于我究竟说了什么,而与我是谁无关,甚至与梦境的情形无关——它恰恰必须依赖于我话语的无意义和极度的平庸。

还有什么可说的呢？在不经意之间成为某种甘美、眩惑而又难以言喻的感觉的决定性要素，最好的例子无疑是，只需一个眼波便可取悦他人。极微小的起因，极非凡的效果——这是我们所拥有的上帝存在的唯一证据。在我的梦境中存在着不计其数的关联，然而在我们的一啄一饮间又何尝不是这样？我们简直爱死了起因与效果之间此种疯狂的不平衡——它在我们的本源与潜能当中开启了神话般的视界。他们认为，诱惑是一种策略，这大错特错。诱惑关乎这些出人意表的关联，而任何策略不过是在试图重现它们。

起因产生效果。即，起因总有意义和终结，它们从不导致灾难（最多导致危机而已）。而灾难则是对起因的废除。灾难将起因湮没于效果之下，将因果关联弃掷于深渊之中，令事物纯粹的出现与消失得以恢复——正如纯粹社会的幽灵，及其同时在恐慌中消失那样。然而，这并非可能性或不确定性的问题，毋宁说它是某种围绕其出现的自发关联，抑或是意愿的自发升级，好比说挑战。再或者它表现得好像某种突然的样态转换，就如同蜕变。

导致灾难的从来不是起因,而是外观,是"外观"本身之间的彼此关联。不同于危机,危机仅仅是起因的混乱,而灾难则是形式与外观的谵妄。恰如错觉是语言的纯粹、无参考的关联,典礼也是姿态、仪式、习俗的纯粹的、无参考的关联,故而灾难是事物与事件的纯粹的、无参考的关联。这一切都与偶然性无关。毋宁说,这是最高级别的必然性的正式关联。(我们身上时常会发生一些负面而怪诞的事件,在此类事件荒谬的升级当中,我们可以觅得此种必然性的踪迹。事物不再在悲伤中积聚并在嘲弄中崩溃——正如当偶然性是事物并置的唯一理由时那样。相反,事物分崩离析,在一种自发的自然灾难中彼此抵消,而这种灾难只能终结于其继承者的痉挛与诱惑,只能终结于其缠绕的优美。)

世上唯一真正的乐趣在于,眼睁睁地看着事物"转变"为灾难,看着它们最终摆脱决定性和非决定性、偶然性和必然性,进入充斥着眼花缭乱的关联的领域,不管怎样,在这里,事物无须意义即可抵达终结,而事件无须起因即可造成效果。

于是偶然性便不存在了。偶然性勾勒出这样一种绝对不可能的可能性,即,事物(被剥夺了其确定性和起因的事物)得以自主,可以享受真正的自由,并漂浮在偶然的多维空间,并有着遭遇第三类接触的模糊前景。这就类似于为我们准备的分子噩梦中,所有解放之后留给我们的命运。然而在比真实更为激进的层面上来看,这是完全不可能的。偶然性和偶然性概念预设了这样一个前提,即,除了因果关联之外,其他关联都是行不通的。因而,偶然性坚定地站在必然性一边——假使事物不再具备起因(抑或不再能够"生产"起因),那么它们将不再从属于任何秩序,除非它们回到概率的强制方程式当中。它们就如同死魂灵一样游走在偶然性的炼狱中。偶然性是因果关系的炼狱,在其中,灵魂等待着肉体被交还给它们,而后果则等待着它们的起因。它们将在核地狱降临之前永远地、无疑义地湮灭。

而事物与其说是通过起因还不如说是通过其他方式关联起来的。以命运为例,我们往往因其致命的效果,而把它与偶然性混为一谈。我记得有一回,我们的车险些冲出悬崖,在被奇迹般地救回之后,一些西班牙人在路边停下,虔诚地触摸我们,口中喃喃道:"好运,好运。"

在命运或者说宿命当中,关联与其说是因果性的,毋宁说是这样的——事物的幽灵的标志亦是其消失的标志,它们诞生的标志亦是其死亡的标志。与此同时,你可以尝试扰乱理性的秩序,变更事物的流程,转换发生的场域,抑或进行精神分析。全无用处——同样的标志,同样的星座,同样的性格特质,在诞生与死亡之时出现同样的微妙事件。高度的象征即跌落的象征,出现的象征即其消失的象征。

这就是宿命。你当然可以随心所欲地解释它,但那也全无用处。没用密码,没用暗号。一个单独标志的效用。它并不必然地关系到整个生命,或是整个王朝,就像在古典悲剧中那样。它或许只是一种简单的罗列。但出于某种命定的关联,其中既没有理性,也没有意外。由同一个标志来统摄开端与终结,是最不意外的事了。与之相比,一切都是意外,一切都是偶然——除了它,它是命运。命定绝对与意外相对立,当然,也绝对与理性相对立。在世界的理性版本令我们失望之后,相较于命定版本,我们实在是过分偏爱世界的意外版本了。我们首选的这个明显失序的版本,是一个充满了偶然与意外的世界。如今——与人们以为的恰恰相反——意外似乎已经极为罕见了。偶然性未必会有，而命定性则无处不在。多数情况下，我们就是在曾为我们赢得一切的那个数字上输得精光，而这一点并不仅仅在赌桌上有效。你可以说人们通常不会总是押同一个数字，但这就是关键：他们总押同一个数字这件事绝非意外。

相悖于我们整个的德行道德，事物之间存在着某种注定的关联。事物已经预先在消失中铭记了自己，而不是在创世和进化当中不断展开。是预言而不是远见将它们区别开来。如果你已意识到出现的标志，那么命定性的假说（事物的进程，或游戏的兴衰）将不可避免地回到同一点，回到相同标志的命定交叉，这使我们对事件有所预知，因为事件总是伴随着某个明确的标志而来。于是我们可以循着事件的轨迹，正如我们循着仪式的进程一样，世界的庆典是在不变的特性中庆祝。并非一切都是宿命，也不是一切都是仪式，然而在每一种存在中、在其起因与结果的失序当中，确然存在着某种最高旨趣的不可变序列。

两个事件，相隔十年，其间没有任何关联。两桩相当于象征谋杀的消失。怎么说呢？这是某种灵魂上的无法抵赎。在第一次事件中，我是以此种方式消失的那一个人；而在第二次事件中，我被遗弃，而且毫无理由。这全然不是重建某种归零的均衡，并且其中全无救赎（有什么可救赎的?）。然而故事要求某种可逆性，而此种可逆性微妙地建立在两个互为秘密的事件之间。此外，我也从未在她们之间建立任何关联——本该如此，她们原本是我思慕多年的两人。随后有一天，这两个事件在同一个符号下显现，并在此种关联之美中突然得到了解决。这个符号是一个名字。她们两人有相同的名字。没有人能说事物在极微的轨迹中自会找到其终局，然而我们可以肯定这绝非偶然。如此，这个细节的完成建基于两个名字的巧合。突然之间，由于这两个事件没有历史，它们仍然毫无出路。没有什么可以被讲述——寓言也罢，托词也罢；好理由也罢，烂借口也罢，什么也没有。消失是纯洁的和决定性的，尽管我们通常仅通过虚构和精神分析来解决问题。两个无历史的事件彼此进入，这是更加非同寻常的解决模式。它们在某种妙语当中联合起来，这两个幽灵般的事件通过宿命找到了对方，并且从那种当它们独自存在时的费解中得到了释放与解脱。它们的副本、它们双胞胎的想象、它们的结合使它们瞬间变得可以理解，不再带着未解之谜。在这两件事中的双方当中,从精神分析的角度来讲,究竟发生了什么?对我而言,这完全不重要。不论它曾是什么,已经没有意义,它已在另一种关联中得到了解决。

我省下了精神分析——无意识的无价值。

事件的力量作用于你,你并未预期它,也跟它没有任何关系。但这并非偶然。它发生,而这个巧合触动了你,它注定是你的。即便你并不想要它,正因为你不想要它,你才受到它的诱惑。这正是命运与偶然的全部区别。对于纯粹的偶然来说,就算它存在,我们也会无视它;纯粹的发生对我们全无诱惑性可言——它是客观的、周期性的。我们用以中和事件或稀释其影响的正是这一偶然性策略——它是偶然发生的(不是我干的)。一个朋友、一个亲近的人的意外死亡,仍会不可避免地引起某种罪恶感的幻觉。否则,那种别人已弃你而去的感觉将难以忍受。没有什么比这种精神虐待更糟,即,认为世界彻底被思想的全能所主宰。而偶然性在这种情况下相当有用——认为事件只是毫无理由地发生是不够的,或是最大限度地找一个客观原因(技术的、材料的或是统计学的)以推卸我们的责任,这实际上将我们从事件可能蕴含的任何深刻的诱惑性质中解脱出来,而我们也许想过成为这些事件的起因。因为我们希望成为任何人死亡的原因(正如想成为任何人的生命或好运的原因一样)。这没什么好回避的,这又不意味着我们希望别人死。只不过比起让它随机发生,我们更倾向于希望如此。从道德角度来讲,渴望别人的死亡也许是可怕的,然而从更为本质的象征角度而言,死亡作为偶然性的纯粹功能却是不可接受的。故而,从道德角度来讲,我们也许想以各种借口来保护自己免受事件的命定关联。然而从象征角度而言,由偶然性所主宰的中立世界与其无害和无意义之间却有着深刻的矛盾,同时,由客观原因所主宰的世界也是如此。这两个世界都无法抗拒此种绝妙的想象:全然被意志巧合的神性或魔性链条所主宰的宇宙,即,在这个宇宙当中,我们诱惑事件,我们诱导并使事件按照全能思想发生;在其中,没有人是无辜的,我们尤其不是;在其中,由于宇宙已被吸收到事件的自主性当中,被吸收到事件客观性的展开当中,故此我们的主体性遭到了消解(而我们对此欣然接受)。在某种程度上,它成了一个世界。不要忘记,假使我们声称这样一种智慧,即,在你以这种或那种方式爱这个世界,以这种或那种方式发明这个世界的时候,从根本上讲,你势必已如此期许过这个世界;同样,不管是你朋友的死,还是发病和灾难,都没有逃逸出你的思想和意愿。

我们希望存在偶然性、无意义以及随之而来的无辜,令上帝得以继续对宇宙进行掷骰子游戏,然而,我们更希望统治权、残酷性和命定关联的全面展布,我们更希望事件成为思想的激进后果。我们喜欢这个,却又更喜欢那个。同样,我们希望事件与它们的起因相关,却又更希望偶然性和纯粹的巧合遍布世界。我尤其相信我们更喜欢命定的关联。决定论永远不会废除偶然性。但没有任何偶然性能够废除命运。

> 发生的一切都先于我们的思想和意图,我们永远无法赶上它,或真正地明白它。
>
> ——赖纳·马利亚·里尔克

这便是命运的定义:效果先于起因。故此,一切在发生之前就已发生。缘由倒在其次。有时,事物甚至在发生之前消失。如此,我们对于它们还能知道些什么?

事物先于其起因展开,事物在时间中优先,这是它们的秘密。这是事物的诱惑的秘密,也是阻碍真实发生的东西,因为真实仅仅是时间中事件和起因序列的巧合。

当事物比它们的起因来得要快时,它们便有足够的时间出现,甚至在成为真实之前作为外观出现。正是如此,事物才保持了其诱惑的力量。

无疑,速度本身无非是这样的:贯穿并超越所有技术、对事物的以及人的诱惑,先于事物的起因抵达,从而赶上它们的开端并取消之。这样一来,便是消失的眩惑模式(保罗·维利里奥)。然而写作却是另一回事——比概念关联来得更快——这是写作的秘密。

与灾难的发生两相比照:灾难总是先于正常日程的;它是叠缩,是时间突兀的一瞬,是将支离破碎的时间边缘拉合在一起的地震——意义总是来得太迟。这就好像卡夫卡的弥赛亚,那个总是当不再需要他时才出现的角色,不出现在最后的审判当天,而是出现在最后审判的次日。

对于遭到意义非难的事物来说,这是永恒的延迟。永远制造起因以驱散它们的幽灵;永远制造意义以驱散外观,以延迟它们过快的关联。

因果秩序的这一可逆性（即，起因对结果的反转、结果对起因的先行和胜利）是根本的。你可以称之为初发的、命定的和原初的。它是命运的可逆性。正是因为它未曾给偶然性留下空间，所以它以某种方式代表了一种致命的危险——恰恰相反，偶然性只有在因果关系的秩序上才能被推演。这就是为什么我们的系统（本质上是西方的）已经以另一种优先取代了它，即，起因之于结果的优先，而最近则以模型的优先取代之，以事物本身之拟像的优先取代之，在其中，它们召唤了事物的幽灵。优先与优先对垒，我们需要看到反对这两种秩序的挑战。此处没有偶然性的空间，即，没有中立和不确定物质的空间。世界是摩尼教；在其中，两种秩序截然对立。没有什么是确定的，然而一切都是对立的。

这就是为什么我们必须比因果关系的简单危机走得更远。事物可以仅仅在"正常"的继承秩序中陷入危机。危机是因果关系的操控方式——解放起因并找到起因与结果的理性关联；在此种突然的优先当中，在这种事件吞没其自身起因的逆转当中，事物甚至不再有时间为原则争辩或是在进程中有所更动。正如克莱门特·罗塞特会说的那样，纯粹的偶然性、意外性、对真实及其表述的野蛮颠倒，留下了一个意味着毫无偶然性的关键瞬间。这是幽灵和纯粹外观的秩序。一切都押在了意义的这一 180 度转变上。

这正是当决定论者的因果关系原则令人不愉快地受到质疑时（即第一次革命），科学的灵光一现。超越依然如同超理性般运作的不确定性原则，它直觉到，偶然性是所有规则的漂浮。这已然是相当惊人的了。然而在其运作的物理和生物极限处，科学如今所认识到的是，此间不仅存在着游离和不确定性，还存在着物理规则的某种可能逆转。这将是绝对之谜，而不是宇宙的超公式或元方程（相对论便是如此），而是一种任何规则都可逆的观念（不仅仅是粒子与反粒子、物质与反物质的那种可逆，甚或包括规则本身的可逆）。这种可逆性假说往往被伟大的形而上学体系所证实。此乃外观游戏的基本规则，也是外观变形游戏的基本规矩，与时间、律令和意义的不可逆规则两相对立。然而有趣的是，科学也违背其自身的逻辑和演进，得出了同样的假说。

故此，在这件事上最关键的倒不是因果关系或决定论，甚至也不是游离的因果关系、概率、不确定性或相对性,而是逆转和可逆性。

于是事物不再通过律令彼此关联,也不再因偶然性而自由和不确定,却因规则而变得可逆。由此导致的问题则是:在可逆的秩序之上何以建立一种属于时间、因果关系、历史和偶然性本身的不可逆秩序? 不过,兴许这一切无非是为世界提供某种不可逆性的后果,兴许这正是改变进程中的一环。倘若就连物理规律——宇宙中不可逆的因果关系效果的最可靠保障,也正在缓缓地滑向可逆呢?

我们无论如何都应该从这种可逆性当中,而不是从因果关系当中,期许前所未闻的后果。我们必须从这里,而不是从偶然性及其荒谬的统计学客观当中,期许某种惊喜——某种同时摆脱偶然性和必然性的艺术,某种特定转向的艺术,某种主宰了事物的幽灵和消失秩序的命定与神秘。

魔术师与帕拉塞尔苏斯的玫瑰

有一位顶尖魔术师梦想完成一次伟大的变幻——使一个女人就在舞台上、在观众的眼前凭空消失。把兔子、围巾和帽子变没很容易,然而,令一个女人消失他却从未做到过,他渴望完成它。随后有一晚,在演出中,魔术师赢得了满堂彩:那位女士消失了。他做到了,然而,是怎么做到的?问题在于他是通过怎样的秘密途径、通过怎样出人意表的迂回来做到的?(或许仅仅有这个念头也就够了,仅仅想象一下她已经消失也就可以了——虽说这也不甚容易吧。)不过,也许令她消失的并不是某种魔力,而是跟魔术师全然无关的偶然性,他在其中只不过充当了一个引导者。

另一个故事是关于帕拉塞尔苏斯的。一个学生去拜访帕拉塞尔苏斯,希望拜他为师并请他传授魔力。然而,这个学生需要当场得到魔力的证据。帕拉塞尔苏斯不愿,学生却执意如此,并将手中的玫瑰掷入壁炉,激他将玫瑰复活。帕拉塞尔苏斯拒绝了,说他做不到。那个学生既失望又愤怒,拂袖而去。这时,帕拉塞尔苏斯俯向壁炉,说了一个字,玫瑰便活了,艳丽如初。

博尔赫斯的这个故事颇有<u>些</u>费解。在常规的师生故事之外,我们最终很难知道帕拉塞尔苏斯究竟是真的能够以一字之力便令玫瑰复生,还是,他仅仅胡乱一试,却偶然地(出其不意地)成功了,把他自己都吓了一跳。事实上,当他对那个学生说他没有那个魔力的时候并不是在说谎,魔力只是出其不意地降临到他身上;兴许,这甚或全然不是魔力的作用,而是偶然性,是意外,是始终如谜的机缘巧合。

究竟是什么影响使得那位女士消失而那朵玫瑰重生的呢?它应该既不是偶然性(这太不确定),也不是魔力(这过分简单)。我们必须进行思考。(为何要在虚构的故事中寻求合理性?然而,恰恰是虚构的而不是真实的故事,需要某种秘密的解决方案,就像那些需要诙谐地去理解的俏皮话一样。)正如我们所意识到的,这一假说当中涉及了太多的不真实,这些不真实就跟那些缺场的并将始终缺场的证据一样多。我们必须认为一切都取决于事物的某种可逆的紧迫性,而这一点非常简明,是可以被把握住的。及至那时,那位女士则不得不消失,这便是魔术师的秘密——每一件真实的东西都已准备就绪,而它事实上很快就会消失,可以说,你只需单纯地等待这一消失即可。这就足以驱散对于真实的意愿了,而正是对这种意愿的坚执使事物得以超越其自身的幽灵。又或者我们需要把握这么一条规则:一旦某物出现,它便只能消失。在这种方式中,事物仅仅要求诱惑,这已足以驱散它对于意义的意愿。事实上,诱惑与意义是彼此协调的。

为了使那位女士消失，你必须诱惑她——令她绕过她的真实，绕过她过分真实的存在。而为了使那朵玫瑰重生，诱惑它便也足够了——令它绕过它那灰烬状的不存在。因为诱惑某物就是将它重新投入出现与消失的循环、投入不断变形的循环，并将你自己也重新投入其中。在这个循环里，偶然性或魔力荡然无存，然而，出现与消失却通过某种不可规避的法则彼此关联——这就是命运。根据线性和意志的秩序，那位女士绝不可能消失，而那朵玫瑰也绝不可能重生。而只有在某种可逆的秩序中，当所有技艺都为其自身定位之时，它们方能如此。

世间的仪式

在高度传统和完美安排的关联秩序当中，在欠缺最大必然性的关联秩序当中，仪式等同于宿命。

正如在游戏中一样，这是一种迷狂的关联——仪式并无任何意义，它仅仅具备玄奥的法则。而因其原初性，它也无所谓终结。

在其中，我们找到了这个上升的世界的矫揉造作和传统秩序，找到了在表象的主体性背后闪闪发光的隐匿的客体性。

据说野性的思维为一切赋予主体性,全然无视世界的客观。然而,在客观理性的托词背后,恰恰是我们通过主体化、通过精神分析,四处强加着的一种神秘的主体性。

仪式终结了此种主体性的神秘学。

(婆罗门)永远不要注视旭日、落日、蚀日、映照在水内或运行中天的日。

不要跨过系牛犊的绳索,下雨时不可跑步,不要对水注视自己的容貌,这是规定。当经过土丘、牝牛、偶像、婆罗门、酥酒瓶和巨大的名树的一旁时,要常靠右边走。

无论感到多么强烈的情欲,不要接近月经开始出现的妻子,不可和她同床共寝。不要和妻子共盘而食,当她用饭、打喷嚏、欠伸或懒洋洋坐着时,不要注视她;也不要注视正在涂眼膏,或涂香水,或袒胸露乳,或临盆的妻子。

不要在路上、灰上或牝牛的牧场上大小便;也绝不要在犁过的耕地上、水中、火葬场、山上、庙宇的废墟上或白蚁窝上。也不要在生物栖息的穴中,或走路,或站立,或在河岸或在山顶的时候。同样,排泄大小便时,绝不要注视着为风所吹动的东西,也不要注视火、婆罗门、水以及牝牛。

　　日间大小便时要面向北;夜间则面向南;黎明和薄暮时,方式和日间同。

——《摩奴法典(第四卷)》①

存在的每一个细节,在摩奴的代码中,都无时无刻不被仪式化——一座残酷剧场,每一瞬间都被某种必然性的符号、某种区别、某种秘密的差异所标记(这里所说的差异绝非社会学意义上的差异。它将是某种软弱的、更为平庸的秩序的特征,是规则和仪式的某种紊乱,它屈从于任何主观评估。然而这种秩序,这种社会学的秩序,归根结底比较无趣)。而这些符号、区别和差异则存在于最细小的动作当中、最无足轻重的言辞当中、最隐微的身体分泌当中和最不起眼的自然事件当中。一切都是原初性的,某种意义上讲,什么都没有发生,除了某种必然的、不可规避的符号的幽灵;什么都没有改变,除了某种必然的、不可规避的符号的变形。

这就是世间的仪式,其排序之完美,跟主体的

―――――――

① 此处译文主要参考自《摩奴法典》,商务印书馆 2011 年版,第 85—86 页。

欲望和客体的偶然性全然相悖。欲望和偶然性在仪式面前不堪一击。它甚至不再是某种隐喻。在《摩奴法典》的文本中不存在修辞或是讽喻或是形而上学,同样也没有神秘可言,那就仅仅是纯粹的展开,仅仅是日日夜夜的契约仪式的纯粹暗码。语言由于是仪式化的,所以是内在的——它制定规则,且与辩证法或精神分析毫无瓜葛。它既不依赖辩护的抑或是暗喻的神话,在一定时代内,它仅仅告知我们要做什么。它不是价值或阐释的体系,而是规则的体系。

正是在这里,符号呈现出其最大的强度——它们仅仅要求纯粹的纪念。此时,它们把专制和歧视推向极限,就像游戏规则一样。标记的真正严酷形式,不是差异(它始终是有意义的),而是歧视。在事件中,歧视也等同于命运,总是在发生之前就已先到一步——这无疑是超自然的;它也在变得有意义之前表现出符号的力量——这无疑是专制的;它在被证明之前就被当作目标——这无疑是不公的。放诸我们所生活的这个道德、善感和民主的秩序中,这一切在我们看来似乎极其不道德和不公正。事实上,长期以来我们总是将所有斥责归于命运和歧视,并精心培养与之相对立的终局和差异;然而,恰恰是在命运和歧视当中,事物和符号才能达到强度、魅力和享乐的最高水平。

调控世上事件的进程,如果是在纯粹符号出现的基础上实施,或是在仪式化符号的事件中实施,即便它是某种灾难性的进程,也总是比因果关系的发展进程更为恢宏、更为迷人。前者盗走我们的自由并将我们拖入宿命论(即便它是"偶然性"最平庸的形式)的循环当中,它更像是在诱惑我们,而不是某种关涉毫无依据的自由和责任的进程。与其将我们自己托付给自由的喜剧视野(而这种自由的基础是有问题的),不如投身于纯粹专制的悲剧当中。在自由的秩序里,我们甚至不知道自己想要的是什么,在其中,我们被迫面对不知道自己想要的是什么的状况。而与这种恐怖相比,我们每个人其实都暗暗喜欢某种专制而残酷的秩序,它令我们毫无选择,因为在后者中我们被交托给最大限度的决定性,而在前者中则被交托给冷漠。每个人都暗自喜欢某种极为严峻的秩序,某种极为专制(或者对于命运或仪式而言,极不合逻辑)的事件铺陈,在其中,即便是最微弱的扰动也会导致全面的坍塌。与理性的辩证运作相比,每个人都更喜欢这样一种由终极逻辑宰制语言的所有偶然性的秩序。毋庸置疑,我们有着想要颠覆命运、扰乱仪式并且击碎所有秩序的强烈意愿,然而这种暴力本身却是注定的。它从仪式秩序中获得莫大的安慰,并且它不是一种随意的暴力,它会带来某种戏剧性的急转直下。我不由得联想到《地狱门》中那个漂亮的场景:在一段长而静默的茶会中,其中一位武士突然起身并打翻了茶杯——借由这个单一的符号,所有潜在的冲突都浮出了水面,该符号的暴力并不外在于规则,这恰恰是与仪式相关联的张力,仪式势必导致突发的违规。仪式的暴力并不表现为违规,而是表现为规则的加剧,在这里,整个世界都在游戏的中断里暂停。京剧中也有类似的效果,在对打中,所有舞动的将士突然定格,这突如其来的缄默里,"静"本身就是对"动"的暴力。

所有仪式的展开都有一定的暴力性质,然而此种暴力是就规则的可逆性而言,并非对于律令的违背。就这样,通过符号的这种力量,符号与其自身的对立面如影随形。其中,仪式里符号之间的关联,它们能够根据仪式的规则独力地接二连三地彼此引发,这一事实已然构成了对真实的暴力。根据某种循环,每一个仪式都彼此关联,这一事实是对时间的暴力。这一切都是仅在符号的基础上组织而成的,而这些成千上万的纯洁符号的超感性联系已因之得到恢复,这一事实则是对意义和意义逻辑的暴力。仪式的全部诱惑就存在于这种偶像崇拜的、造物主的和野蛮的暴力当中,它是与意义的文化相抵触的。

如果说仪式是缓慢的同义词,那是因为仪式是命运的秩序,是有序的铺陈。就牺牲而言,过分仓促将是一种亵渎。规则必须有机会得以运作,而仪态必须有时间得以完成。时间必须有时间得以消失。

仪式中包含着对其自身发展和终结的预见。它没有观众。凡有景观之处,仪式便告终止,因为它与表象两相抵触。它(仪式)所在的地方并非舞台、场景或戏剧幻象的空间,而是内在性之所在,是规则展开之处。让我们再次考虑游戏(如扑克牌、象棋和偶然性)的运作方式:没有比对赌博的激情更不具备戏剧性的东西了——所有的张力都撤回内部,撤回规则的内操作,撤回舞台的差异和用于展示的景观。注视中最细微的戏剧化介入都会使仪式沦为美学,即沦为某种愉悦的来源;但仪式并不遵循愉悦的秩序,而是遵循力量的秩序,后者为内在的美德所掌控,在每一个符号和角色中,在其发展当中,而且并非为某种审美判断的超越性的美德所掌控。

典礼拥有一张种族化和仪式化的日本面孔,相反,我们西方的面孔则具备某种反射性的和理想化的美学。我们西方的美要么与自然和表达的特征(个性美)相关,要么与时尚的特征(连续理念和模型的宰制、某时期某种品质的理想化等)相关。自然化和理念化预设了美与丑的边界,在近期,甚至很大程度上被美狠狠挟制。相反,如果不考虑他们对于面部较少的强调,而更注重整个肢体的姿态,东方的特征则是种族化的,因而也更为专断和传统,这与我们自然主义和表现主义的美学大相径庭;然而,他们突然获得了某种更为超卓的美,即仪式形态学的美,这种美放诸四海而皆准。毫无差别:男人和女人的面孔上上演着同一种美,没有一个人是丑陋的,因为他们全都从同一种命运中获得他们的轮廓。相形之下,靠混血模特而彰显个性化的西方美就显得过分伧俗了。种族的形态学能指游戏,远胜于我们的文化中那种所指的美学价值。

仪式之美并不在于主体,正如游戏的紧张感并不在于其结果或是欲望。仪式的游戏也总是被道德法则或欲望所打破。

今时今日,我们将道德律置于符号之上。传统形式的游戏被认为是伪善和悖德的——我们以"发自内心的礼貌"甚或以欲望那激进的不礼貌来反对它。我们相信交流、交流的真诚以及感受和情感的本真。我们相信力量关联之中隐藏的真理,这种力量的上层建筑表现为符号,而始终怀疑颠倒的现实和玄虚的知觉。我们相信身体中隐藏的性的真实,身体无非破译的表面。我们相信某种非正式能量的原初性,或是意义的深度(律法深深地铭刻于人们心中)的原初性,而意义的目的在于透过符号表面的混乱找到出路。为了使法律和真理熠熠生辉,我们已准备好僭越既定的编码。

的确,礼仪和礼貌(包括通常而言的典礼)皆已不复旧观。然而,我们虚饰礼仪不过是因为想要为它赋予意义。我们让礼节的符号成为任意的惯例,不过是因为我们想要以规则的任性取代法律的必然。我们可以(我们也不妨)让象棋规则遭受道德的非难。如今,在礼仪和礼貌当中存在着的是某种典礼的秩序而不是我们自己的秩序,它们甚至不再具备缓和关系中原初的暴力的目的,或是驱散威胁和侵略的阴云的目的（比方说，伸出手去是为了昭示手中没有武器，诸如此类），这些目的仅仅在仪式中还有。在习俗的文明当中似乎存在着某些终结性——这就是我们的虚伪之处，总是要为交换找到某种道德功能。然而，铭刻于天空的法律绝不是一种交换。毋宁说，它是联盟的契约和诱惑的关联。

诱惑的关联避免了因与果的混杂。符号之间并未彼此缔结交换的契约，而是联盟的契约。此处完全不受法律意义的主宰，仅仅受制于外观的交互关联。天空亦是如此，其间符号流转。事实上，天空是相似的区间，在其中，星座按照一种仪式化的命运被关联和被排布。在符号下衍生绝不意味着要解释符号，或是根据其意图为符号赋义，而是要由此溯源，由此形成联盟，认识到符号宿命的力量。这不是信或不信的问题，也不是礼貌和礼仪的符号——错误在于总是为无意义之物赋予意义。命运——符号和表象无法规避并不断重复的展布，它对我们而言已成为一种陌生而不可接受的形式。我们不再需要命运。我们需要历史。然而仪式曾是命运的图像。

礼仪再也无法被复原为社会功能。事情到了

这个地步,实际上相当荒唐可笑,就好比把瑜伽作为精神病患的饮食原则而复兴,或是贝嘉①编舞中对武术的再造。个体的权力、他或她的驱迫、自由的表达和言论的解放,使得符号无效的仪式化和虚伪走到了尽头。太棒了!

然而,此种对于真实的释放,此种真诚在各个形式上的胜利,是以幻觉的终结为牺牲的,是以幻觉力量的终结为牺牲的。从字面意义上讲,与真实无涉的幻觉是规则、高级协议和惯例的缘起,它正处于危机当中。游戏建基于这样一种可能性之上,即,每一个系统都得以流溢其自身的真实原则,并将其投射到其他逻辑当中。这是幻觉的秘密,始终对该关键维度进行拯救,乃是生死攸关的事。好比说有一位 18 世纪的魔术师,他制造出的机器人能够极其完美地模仿人类的行动,以至于在舞台上,魔术师不得不"自动化"他自己,以期模仿机械运动的不完美,从而拯救这个游戏,保住那种令幻觉形

---

① 莫里斯·贝嘉(Maurice Bejart, 1927—),生于法国马赛,其父贾斯东·贝嘉是著名的哲学家、作家。贝嘉曾学习文学,之后选择了戏剧和舞蹈,其代表作有《波莱罗》《火鸟》和《胡桃夹子》等。贝嘉与邓肯、玛莎·葛兰姆、尼金斯基、巴兰钦并称 20 世纪五大编舞名家,也是目前唯一的健在者。

式得以可能的微妙差异——如果机器人和人彻底变得一般无二,那么所有诱惑就都将消失殆尽。

千百年来,我们称之为艺术、剧场和语言的事物就是为了从这个意义上拯救幻觉而运作的。它们令现实与其自身实在之间的细小距离得以维持,在其外观的提升过程中也把玩真实的消失,并且令游戏的讽刺性规则得到拯救。从这个意义上来说,在施以现实的暴力当中,它们恰恰保留了某些典礼和仪式的成分。正是在艺术当中,某种典礼性和原初性的力量被保存下来,尽管相当微弱。这种力量当然不存在于我们今天所谓的典礼当中——给亡者的纪念碑、颁奖和奥林匹克运动会等。某种外观的策略恰是在艺术中才得以保藏,即对幻影和消失的掌控,尤其是,对于现实之蚀的牺牲性宰制。

当然,我们目前是从另一个相反的方向来对游戏进行阐释的。我们对于游戏的理想型是在儿童那里;教化[①],无拘束的自发性和狂野的创造力,早在法律和约束诞生之前的那种纯粹天性的表达。动物的游戏与典礼化的游戏大异其趣。然而我们

---

① paideia:古希腊文,有教养、教化之意。

知道,鸟不会仅仅为了其自身的愉悦而歌唱,孩子们的玩耍也不会如此。即便是在最"疯狂的"游戏中,也不乏重复性的、仪式性的以及审慎铺陈的魅力,规则的创制和共同的遵循,这一切导致了孩童游戏的强烈和天真。以对"去-来"游戏的分析为例,该游戏可以简单地意味着对于母亲缺席的期许,然而它首先也是一种典礼,是对现身与消失的控制和主宰。对幻想的假设杜绝了此种形式的源头,因为它为之赋予了意义——这种假设也同样终结了诱惑,它使得诱惑仅仅是一种表面现象。

只有在外观有组织的秩序中,秘密由因缘的湮没与终局的丧失构成,这是呈现与消失的规则。

现时代的典礼是为调控出现与消失而确立的。令人们着迷的是事物的幻影及其消失的双重奇迹。一直以来人们都渴望征服它们并洞悉其规则——生与死、群星的食蚀、激情的迷醉以及自然循环的流转。只有我们现代文明才屈从于此种契约形式,并将一切交托给有形或无形的自由,名之曰偶然性;或是交托给归纳/演绎形式的关联,名之曰必然性。

如今,在把全部赌注押在生产模式之上并穷尽其幻觉之后，我们得在不再掌控任何典礼的情况下面对出现与消失的模式。我们的时代拒斥出现与消失的魔咒，正如它抵制计谋与牺牲，因为计谋与牺牲可以全凭自己的力量保障自身的统治权。整个生产秩序的确立，就是为了使事物幻影的秩序成为不可能，是为了抢在它们有权存在或具备意义之前，阻止它们突然进入现实。

甚至在到达之前就已然在此——无论如何，这才是事物对我们发生的方式：在纯粹外观的面貌（或曰面具）之下。平庸本身可以采用这张纯粹外观的面孔，这样一来它就能再次成为命运，即一种出现与消失同时发生的模式。

如今，为了证明事物的幻影，我们简化为对某种生产能量的祈求，某种驱动的能量——就死亡本身而言，我们简化为对死亡驱动的祈求。然而，对征服消失模式的探求则与死亡驱动背道而驰，并且，事实上，与之毫无干系。

我们基本的命运并非存在和生存——如我们所以为的那样——而是出现和消失。这本身就在引诱并蛊惑着我们。这本身就是场景和典礼。我们绝不能相信是偶然性令事物出现和消失，我们的任务乃是使事物持续或为之赋予意义。偶然性绝不可能带来事物消失这样的奢侈场景——偶然性只会导致统计学意义上的灭绝。偶然性也绝不可能令某物显现——使某物真正显现、令其在外观的统治下澎湃不休的,势必是诱惑。而要使某物真正消失,使之分解为其外观,则非幻化的仪式不可。

京剧——所有的中国剧场,不论是战斗、爱情还是符号与旗帜的游戏,都是身、行、音、势的二元化灵动上演,是倍增之最小距离的永恒缠绕。身体是彼此灵动乃至特技的镜子。衣裳、首饰、在回旋的舞蹈中拂向对方的扇子,武器并不相互触碰,只是猛烈地彼此掠过,描述着一个无法交叉的空的场域(比方说,决斗情节中的黑暗,战争和爱情情节中的战斗与诱惑,船夫和少女故事中的水——整片水域由二者身体成对的波浪所明确,他们之间的距离恰是那条看不见的船的长度。声音和身体在决斗中彼此交替,这不过是他们安排的仪式空间,交叉的全部危险被唤醒了)。暗夜中的决斗,身体彼此探寻却无从找到对方,没有比这更美的事物了。它被描述为阴影中精确而暴烈的空的场域,明显呈现为分离他们的黑暗,以及由其每一个运动的可逆性所造就的共谋，这一切将他们结合起来。

一切都已被安排：灵动、闪避、推进、退却、对抗、身体狂暴的旋动及其突兀的静止；不存在放空，不存在即兴创作：一切都息息相关，然则都不是意义的关联，而始终是外观的关联。一旦寻获此种绝妙的流动性、此种梦幻般的敏捷、此种外观的灵巧，而它们之间又如此轻易地关联，那么剧场便已臻完美。灵动，对动物而言（尤其是对动物而言），也是身体与运动中支配性的关联。剧场中，灵巧将符号从意义的重量中引渡出来，这样，符号就能在无限的流动性中、在两种对决力量扩张的极点处进行表演，甚至能在绝对静止（空间的凝固）中达到高潮。

斗争从来不是对抗，也不是力量关系，而是战略，也就是诡道的竞争图示，是非正面暴力，是平行而灵活的策略。身体复制他者的行为，将自身作为诱饵，令他者目瞪口呆，只发现空虚。每一个人都凭借其表象、凭借其向他者反馈的力量表象而取得胜利。然而每个人都知道胜利不是决定性的，因为没有人会去占据战役已然列阵时周遭的盲点。想要占据它、想要拿下战略的空白地带（正如想要以真理吞并空洞的心）是疯狂的，并且是对"世界作为戏剧和仪式"的绝对误读。

无论如何,这就是我们西方的剧场在以精神分析的推测之镜取代身体与手势的二元可逆性时所做的一切。身体与符号彼此冲突,是因为它们失掉了其仪式性的灵韵(aura,本雅明)。我们甚至能够在拥挤的人潮中感受到差异:在地铁、城市、市场这类西方场域当中,人们在过分的混乱中彼此冲撞,争夺空间,充其量也不过是避开彼此的动线而已;然而,东方或是阿拉伯城区中的人群却明白应如何有区别地运动,即使是在逼仄的空间中,也能带着预感(或曰考虑)和谨慎穿梭其间,好比庄子笔下的庖丁让刀锋在骨肉的间隙轻而易举地通过。并且,这不是一个我们可以通过"自由"空间或是个体领域就可以解决的身体界限问题,而是安排的仪式化场域和神圣场域的后果,它也控制着身体间彼此表象的方式。仪式是一个可触可感的宇宙,用以维持身体间适当的距离,手势和表象被控制,并使这种距离能被感知。两个彼此冲突和碰撞的身体是猥亵不洁的。两件事物如果进入直接的交流,不论它们是什么(两个词语或是两个符号),其匹配如果不是经由正式的程序,那么它们也是不洁的。这种混杂就好比地上的尸体一样,只有粪便遍布其间。区别的存在是必需的；否则世界将以某种全然徒劳的方式变得枯竭、悲惨和暴虐，一言以蔽之——变得混乱。

衣着就服务于该目的——并非指时尚的差异体系，而是指衣着将人从"自然"中区别出来的那种力量。时尚是身体和服装的解放形式，其组合游戏正变得日益随机。而衣着则包含了某种固定的仪式性拘束。这正是仪式中触觉的、内在的、初始的世界的一部分。（对动物而言，好比说羽毛，甚至是遗传性征的一部分，这就是为什么在仪式秩序方面动物一直是人类的模板，该秩序绝不是"自然的"秩序。）

时尚与外观和表现的世界息息相关。这个世界卓越、时髦、灵动而开放。它源于对形式的渴望狂想，源于对差异的审美和政治欲求——时尚符号也是独特的，它依据时尚的通用密码运作，从而进入现代主体性的协奏，与装饰音中那陈腐、永恒并带有歧视性的严苛唱反调。（时尚固然能够采取一种集体符咒的形式，然而它绝不会如在仪式中那样成为群体献祭行为。不论呈现何等繁多的变貌，根本上它都肇始于所有可能形式的混杂进程。）曾经仪式化的形式现已沦入时尚体系；尽管如此，我们绝不能混淆它们。

没有混淆,没有杂交。理论正如典礼。后者(或任何一种仪式)的角色当然绝不是驱散某种"原初暴力"——礼拜仪式并非一种宣泄!这是与功能主义一样陈旧的误会,来自空想家的所有原初暴力,来自人类学所有淌血的心。理论的目的也并非使概念呈现得辩证而普适,恰恰相反,典礼和理论是暴力的,它们的产生就是为了阻止事物和概念不加区分地接触,为了制造差别、重建空洞,并且令已然混淆的重新区隔开来。与观念混杂带来的恶心猥亵抗争,与概念的杂交抗争——这就是理论(激进的理论)。典礼的所作所为同样别无二致,它将启蒙的和懵懂的区分开来(因为典礼总是启蒙性的),将按规则关联的和不按规则关联的区分开来(因为典礼总是有组织的),将那些依据其表象被或毁或誉的和那些仅仅作为意义而被生产的区分开来。典礼总是牺牲性的。

当符号不再表征命运,而是历史,那么,它们就不再是典礼性的了。当其背后藏匿着社会学、符号学、精神分析学,它们就不再是仪式。它们已丧失了仪式行为内在的变形的力量。它们离真理更近,却丧失了幻想的力量。它们离真实更近,离我们的真实场景更近,却丧失了它们的残酷剧场。

出于恶的原则

这些致命的策略是否存在？我甚至都感觉不到我已描述过它们，或是接近过它们，又或者，整个假说都无非梦一场——真实对于想象的宰制是如此巨大。关于客体，你所说的一切都从何而来？客体性是致命性的反面。客体是真实的，而真实受制于法律和时代。

故此，面对一个狂乱的世界，只有现实主义的最后通牒。这就是说，如果你想逃避世界的疯狂，那么同时你也会牺牲掉它所有的魅力。

随着其谵妄状态的扩张，世界只会加大押在牺牲上的赌注。被真实讹诈。今时今日，幻觉已不起作用；为了生存，我们有必要向着真实的零度逼近。

也许存在着一种并且是唯一一种致命的策略：

理论。而毫无疑问,平庸理论与致命理论唯一的差别在于:在其中一种策略当中,主体依然相信其自身比客体更狡猾。反之,在另一种策略当中,客体则被认为比主体更狡猾、更玩世不恭并且更具天分,它只是静静潜伏在那里。客体的变形、诡计和策略超出了主体的理解。客体,既非主体的倍增亦非其压抑,既非主体的幻觉亦非其妄想,既非主体的镜子亦非其映射,客体有其自身的策略并且掌握着游戏规则的钥匙,主体无法理解,不是因为客体过于神秘,而是因为客体无限的讽刺性。

客体性的讽刺正等着我们。该讽刺出于无视主体或主体的异化而来的客体的完成。在异化状态下,是主体的讽刺取得了胜利;主体对其周遭的盲目世界构成了无解的挑战。主体性讽刺,讽刺的主体性,是禁忌世界的本质、规训与欲望。主体的力量存在于主体对于完成的承诺当中,反之,客体的领域则是被完成之物的秩序,并且正因为如此,我们不可能从中逃逸出去。

我们混淆了宿命与压抑的复归(欲望是不可逃避的),然而致命性的秩序与压抑的秩序恰恰相反。不可逃避的不是欲望,而是客体的讽刺性在场,它的漠然及其漠然的关联,它对于象征秩序的挑战、诱惑以及反抗(因而也包括对于主体的无意识的在场,如果他有的话)。简言之,不可逃避的乃是恶的原则。

主体遵循我们的形而上学,后者始终试图提炼善与恶。然而客体对于恶是半透明的。这就是为什么客体表现出这等自愿的奴性——淘气地、恶魔般地,就像自然一样,对我们加诸的任何规条都欣然屈从,并且违背所有的律令。当我谈论客体及其深刻的阳奉阴违的时候,我谈论的是我们所有人以及我们的政治和社会秩序。整个自愿奴性的问题都应该在这种光线下被重新审视,不是为了解决它,而是为了刺探出谜语:服从,事实上是一种平庸策略,它不需要被解释,因为它(以及所有的服从)暗暗包括了一种对于象征秩序的致命的反抗。

这就是恶的原则何以存在,并不是作为某种神秘的进程和超越,而是作为象征秩序的藏身之处——作为对象征秩序的偷窃、强奸、收赃及讽刺性的贪污。这就是客体何以对恶的原则透明。不像主体,客体是象征秩序的不良导体,却是宿命的良导体——即,对于纯粹的客体性而言,它是至高无上的和不可救药的、内在的和神秘的。

此外，有趣的不是恶，而是螺旋递进的恶化。因为主体总是在它的镜中清晰地反射恶的原则，这令它沮丧；然而客体则希望更糟，甚至要求最糟。它是更为激烈的否定性的证明，换言之，倘若一切最终都违背了象征秩序，那是因为一切从一开始就被败坏了。

世界在被造出之前就已被诱惑。一个在今天仍困扰所有现实的奇怪超前。世界在其起始之处已被反驳——因而它不可能被证实。否定性，不论是历史性的还是主体性的，都不重要：真正的魔鬼是原初的颠覆，即便只是在思想当中。

与最后审判的乌托邦相反，作为对最初洗礼的赞美，我们找到了拟真的眩晕，找到了对于开端和终局之怪癖的路西法式的狂喜。

这就是为什么神只能生活并隐藏于非人、物体和动物当中，隐藏于寂静的领域和客体的野蛮里，而不是在人的领域，即语言的领域和主体性的野蛮之内。"神人"是个谬论。一个拒绝了非人的讽刺性面具的神，从兽性的隐喻里、从被他默默赋予了恶的原则的客体性变形里现身，为了获得灵魂和面孔，他也同时假定了人类伪善的心理学。

我们有必要对非人有所敬畏。这是某种我们

称为宿命论的文化,作为我们"欲加之罪何患无辞"的方式,因为他们的戒律是在非人那一边,在星辰或动物神,抑或是星座或不知名的神那一边。不知名的神是一个伟大的选择。这与我们自己现代的、技术的偶像崇拜截然不同。

形而上学只准许善的光线滤入,并试图把世界投射到主体之镜当中(主体已经经历了镜子阶段)。形而上学期许一个能够将形式区别于它们的复体(double)、影子和图像的世界:这就是善的原则。但客体却总是拜物教的、虚假的、物神论的、人造的,是诱饵,是将客体与其魔法般的人造复体混淆起来的可恶行径,并且,没有一种有关透明或镜子的宗教能够解决它——这就是恶的原则。

当我谈到客体及其致命的策略,我也是在谈人及其非人策略。比方说,人类在假期当中总能发现比平常更大的无聊——加倍的无聊,因为它由快乐和烦乱的所有元素构成。关键之处在于此种无聊假期的宿命,这种走投无路有其苦涩而成功的先兆。我们怎么能假设人们会否定他们的日常生活并寻找一个替代品?恰恰相反,他们将从中创造命运:看似削弱实则强化它,投入其中直至迷狂之巅,用更大的无趣来封印其无趣。此种超平庸相当于致命性。

如果不能理解这一点,那么也就不能理解这种作为自我超越之壮举的群体性野蛮。我不是在开玩笑:人们并不想找乐子,事实上,他们真正想找到的是一种致命的烦乱。无聊不是问题,本质在于无聊的增长;增长是救赎和迷狂。这应该意味着任何事物心醉神迷的深化,甚至压抑和落魄的增长都能像落魄之解放狂喜般运作——正如绝对的商品也能像商品的解放形式般运作。这是"自愿奴性"问题的唯一解决办法。而且,只有在消极状况的深化中才存在解放,除此没有别的解放。所有倾向于规划一个灿烂而神奇的自由的形式,都不过是革命性的说教。解放逻辑基本只有少数人能够理解;本质上讲,最终胜出的乃是致命逻辑。

犬儒主义的另一种形式:此种对场景和幻觉的意愿,与所有对知识和权力的意愿相反,顽固植根于人心当中,仍然蛊惑着事件的进程。存在着——正如曾经存在过——一种对于纯粹事件、客观信息以及最秘密的事实和思想的冲动,这种冲动被置换到场景当中,并在其中达到迷狂,而不是作为某种真正发生的东西而被生产出来。发生是必要的,而处于迷狂当中则绝对生死攸关。

事物只能以过度的方式发生,即,不是在表象的控制之下,而是在其效果的魔法当中,在其中,它们显得伟大并且呈现出存在的奢侈。我们以为自然是冷漠的,相对于人类的激情和雄心,它的确如此;然而在自然灾难中制造其自身景观的事实方面,自然也许并不冷漠。这是一种比喻,但它在这里仅仅意味着众多激情中的某一种激情——拟真的激情、诱惑的激情、颠覆的激情。这就是说,除非借由幻觉、嘲讽和生产而变形,否则事物就没有意义。而这些幻觉、嘲讽和生产绝非一种表象,而是事物惊人而古怪的形式,是鄙弃其起因的意愿,也是让我们迷失于其后果中(尤其是在其消失的后果中)的意愿。道学家们常常谴责这种惊人的形式,因为正是在这里,在原罪遥远的回声当中,事物讽刺性地彻底颠覆了自身。

此外,正是这种古怪保护我们远离真实及其灾难性的后果。"事物在魔法和人工的拜物教景观中耗尽了自身"——严肃的头脑始终会反对这种变形。他们对世界进行乌托邦式的删节,以便为"最后的审判"当天交付一个确切、无损而真实可信的世界。然而这种遭到道学家们谴责的景观兴许反倒是较小的恶。因为上帝知道被释放的意义拒绝把自身作为表象生产出来之时,会导致怎样的后果。

甚至革命也只有在其景观是可能的情况下才会发生:"美好的心灵"所痛惜的乃是媒体正在终结真正的事件。然而,如果我们考虑到核歼灭的问题,那么,我们也许可以认识到这样一种可能性:保护我们远离核冲突的,恰恰是模拟的日常恐慌的浓缩,是媒体处理我们恐惧的那种困扰而惊人的激动的浓缩,而不是恐怖平衡(威慑中不存在策略性保证,而且也不存在任何在核元素中幸存的本能)。保护我们的是如下事实:对核浩劫而言,事件危险地威胁着我们对于景观的全部希望。人性可以接受自身的物理消失,却无法接受对景观的牺牲(除非它成功地在另一个世界找到某个景观)。对于景观的内驱力比幸存的本能更为强大,我们全靠它了。[1]

假使物的道德存在于其神圣不可侵犯的使用

---

[1] 当然,这并非被情境主义者作为异化顶点和资本主义极限而谴责的那种景观。由于它关乎客体的制胜之道,是其自身的颠覆模式,而不是它被颠覆的方式,景观也无法被其对立面所取代。事实上,借由波德莱尔意义上的商品之魅,我们应该更加亲近。——原注

价值当中,那么,原子与核武器的不道德万岁!这种不道德使得就连它们也屈从于场景那最终的、玩世不恭的事件。令一切都背离象征规条的秘密游戏规则万岁!拯救我们的将不会是理性原则,也不会是使用价值。而是场景的不道德原则,是恶的讽刺性原则。

专注于这种副作用是激情和致命的意愿。同样,没有生命能够在架构之外被设想出第二次机会。生命的设计只能由必然回归的生动确然性来赋予,曾经有过的某些时刻或面孔迟早将会重现——有点像是遗体的复活,除了"末日审判"那一部分。这些将会回归,因为它们只能消失在你生命的地平线上,它们的轨迹已精确地被事件所颠覆,其轨迹将循着某种无意识的曲线带给它们第二次生命或是最终的复归时机。那时将只有它们真正存在过。那时将只有它们成功,或失败。

从某个特定的时刻起,这类第二次降临包含了存在的独特设计,因而在其中,没有什么是偶然发生的。第一次降临——其自身不具备意义,并且在生活的庸碌中逐渐失去自己,它才是偶然发生的。它只有凭借倍增才能使自己成为一个真实的事件,从而获得某种致命发生的特征。这就好比占星符号只有伴随着星位的上升才有意义:符号本身什么也不是;当它和某事一起发生时,则变得不可避免。

一旦生命的某些事件有了第二次机会,一旦循环将它们带回过去,一次并且只此一次,那么,生命即告完整。而当生命得知没有这样的第二次降临,那么在开始之前生命已告终结。

致命就在那里,在那个方向上。就这个意义上讲,老的异端邪说是对的。每个人都有权获得重生:真正的诞生。每个人都注定经历这类事件的必要复归:这不是由星相的律令决定的,而是由我们生命内置的内在性所决定的。这就是为什么机会已经无效,而最后的审判已经全无用处。

宿命理论之所以无限优越于灵魂自由理论的原因就在于此。宿命论消除了生命中仅仅是注定的一切——所有只发生一次的都不过是偶然,而只有发生第二次的才成为命定。然而宿命论也为生命赋予了这些二次事件的强度,它们具备某种先验存在的深度,正如生命曾有过的那样。

初次的邂逅既不具备形式也没有意义,静静地被误解和平庸所玷污。命定性只能借由此种先验生命的当前效应随后出现。而在这种发生中存在着一种意愿和能量,对此,任何人都一无所知,而它也不是某种隐藏秩序的复苏。完全不是。它是在光天化日之下,特定的事物去到其既定的存在之处。

倘若诸星以任意秩序升起、落下,那么天堂本身将失去意义。正是星轨的轮回造就了天堂。而正是特定的致命逆转的轮回造就了生命。

最后,如果客体是机巧的,如果客体是致命的,我们该怎么办?

在幸存的艺术之后,是消失的讽刺艺术吗?主体一直以来都梦想如此,梦想转而成为对整体性的梦想,而唯一再也无从抹杀他者。恰恰相反。今时今日,它的失败唤醒了更为微妙的激情。

在平庸策略的内核当中,是致命的策略炽热的欲望。

没有什么能够为我们保证一种致命性乃至策略。更进一步说,这两个字眼的结合本身就是一个悖论:既然说是策略,致命性又何以可能呢?关键在于:致命性存在于每一种策略的核心,这是个谜。正是它窥见了更为平庸的策略的内核。客体的致命性将是某种策略——类似另一个游戏的规则。基本上,客体嘲弄我们依附其上的法律;它宁可在我们的计算中作为一个讽刺性的变量,并通过方程来证明其自身。然而根据其游戏的规则,接受这种玩法的条件是什么?没有人知道它们,而它们可以在不被注意的情况下悄然改变。

没有人知道何为策略。世界上没有足够的意义供我们处置终结。并且因此,没有人有能力阐明最后一道流程。就连上帝本人也被迫采用一套试错方法。有意思的是,其中无情的逻辑进程是可见的,客体借此进入我们希望它玩的游戏当中——以某种形式将赌注加倍,抬升竞标价格至它所能容忍的策略极限,借以设置一种其自身没有尽头的策略。一种平息了主体游戏的"游戏性"策略,一种致命的策略,在其中,主体由此屈从于其自身目标的优越。

我们是客体中终结性过剩的同谋(它也可以是意义的过剩,并且不具备破解一个过于高明地玩弄意义游戏的词语的可能)。我们发明了所有这些策略,以期让它们导致意想不到的事件。我们发明了整个现实,以期目睹它引发非凡的诡计。对于任何客体,我们都期许着一种阻碍我们的计划的盲目回应。从策略中,我们期待控制。从诱惑中,我们寻求惊奇。

诱惑是致命的。这是至高无上的客体在你心中重现原初的混乱并试图让你大吃一惊的后果。反之,致命性也是诱惑性的,就像发现一条潜规则。对游戏潜规则的发现是如此令人眼花缭乱,它提前补偿了我们随之而来的最残忍的损失。

笑话也是这样。如果要在语言中寻找致命的关联,那必是笑话无疑。因为笑话本身就是语言中所固有的内在结点(那就是致命:在诡计与终结的结合中,同样的符号主持着生命的结晶与溶解)。在成为纯粹客体的语言中,(笑话的)反讽是此种终结的客观形式。正如在笑话中一样,不管在哪儿,赌注的提高都是长盛不衰的结点形式。

一切都必须以一种致命而巧妙的形式展开,正如一切从一开始就已在某种原初的崩坏中被束缚了。

就连宿命也是致命性崩坏的反讽形式。偶然性也是如此。如果偶然性也是一种反讽,那么,试图将其设置为一种客观进程又有何益?偶然性当然是存在的,却与所有的科学相左,它存在于偶然性的反讽当中,甚至存在于分子水平上。致命性的存在就好比偶然性的存在一样笃定无疑。区别在于,致命性的讽刺性比偶然性的要大得多,而这也正是其更富悲剧性和诱惑性的原因。

诚然,这是一条困难而晦暗的路:站在客体一边,以客体的目标为己任。寻求另一组规则、另一套公理体系:这其中不存在神秘,也不存在主体性被困并一头突围到临时盘点中去的超世俗谵妄,而不过是勾勒出另一种逻辑,揭示另一些策略,把机会留给物的讽刺性。这也是一种挑战——它终究对荒谬性构成威胁,并且也冒着它所描述的那种风险,但风险将被承担。关于致命的策略的假说本身也该是致命的。

如果有一种道德,那么它也必定忙于其效应的反常循环,其本身必是超道德的,就好比真实是超真实的。道德必定不再是一种道德停滞,而是一种道德迷狂,其本身必然是一种特殊的效应。

列维-斯特劳斯曾声称,象征秩序已经离我们而去,臣服于历史。今时今日,卡内蒂则断言,历史本身已然溃不成军。那么剩下来站在客体一边、站在客体那反常而可贵的效应及其致命效应(致命性无非效应的绝对自由)一边的又是什么呢?符号学大出血。

如今,所有批判的激进性都已失效,所有否定性都已在一个假装认清其自身的世界中得以解决,而批判精神已在社会学中颐养天年,欲望的效应则已被消耗殆尽,还有什么能够将事物带回其谜样的零点?事到如今,谜已被颠覆:过去是斯芬克斯向人提出关于人的问题,俄狄浦斯认为自己解答了它,我们也都认为自己解答了它。现在则是,人向斯芬克斯——这个非人之物——提出关于非人的问题,关于宿命、关于世界对人类事务的冷漠、关于客体律令的无常。而客体(斯芬克斯)比人要狡猾得多,它几乎不做出回答。尽管如此,物在违背规则或是阐明欲望的时候,势必已经悄悄地为某些谜题给出了答案。除了站在谜的一边,还有别的吗?

一切都可以概括如下:让我们相信这么一个假说,哪怕只相信短短一刹,即,在事物的秩序中存在着一种致命的和谜样的偏好。

在任何情况下,我们的现状中都存在着某种愚蠢。在事件中存在着某种愚蠢,对于命运(如果命运存在的话)而言不会不可思议。在真理与客观性的当前形式中也存在着某种愚蠢,一种高明的讽刺就可以饶恕我们。万事万物都以某种形式被偿还。万事万物都有其去处。真理只能令事物复杂化而已。

　　而众所周知,如果存在最后的审判,对我们每个人来说,在生命之救赎与永恒的片刻,唯一的片刻,我们将与谁共享这讽刺的结局?

修订版后记

《致命的策略》第一版出版于2015年,近十年过去,我们感觉有必要对第一版进行修改和完善。这个修订版本,我们做了三件事:首先依照旧例,先是各负其责(我翻译的前三章,刘翔翻译的后两章)进行修改,我翻译的部分改动不少;其次,对全书的主要概念,之前两个人的翻译存在个别不一致之处,此次进行了统一;最后,补充和完善了全书的注释。在此基础上,刘翔对全书进行了润色和定稿。

我相信,这一修订版本比起第一版有较大的改观,既纠正之前版本存在的误解和误译,又在保留原文风格的基础上,尽可能疏通文字,使表达更准确,行文更顺畅,更能清晰地传递出波德里亚的心有所属、文有所达,也使读者能够借助此一译本,更好地理解和掌握波德里亚关于"致命的策略"的思想精髓。

特别感谢南京大学出版社、感谢沈卫娟老师和甘欢欢责编给予《致命的策略》再版的机会,甘编辑的认真细致的做事风格给本书添彩不少。也期待广大读者继续关注波德里亚的这部重要著作的再版,并给予新版本必要的批评指正。

戴阿宝

2025 年 1 月 5 日